論理的な考え方では、
もはやこの時代に
通用しない！

NO ロジック思考

木村尚義 Naoyoshi Kimura

KKベストセラーズ

NOロジック思考

論理的な考え方では、
もはやこの時代に通用しない！

はじめに

いきなりですが、クイズです。学生街の外れにある喫茶店では売上が思わしくありません。チラシを配ったり、割引券を配ったりしますが一向に改善しません。どうしたら良いのでしょうか？

こうした問題には、ＮＯロジック思考であるラテラルシンキングの出番です。さっそく売上アップに挑戦します。すると一度にコーヒーを２杯、注文するお客さんが増えたのです。なかには友達を連れてきて、こちらも２杯ずつ注文します。飲み放題や２杯目は１００円といった割引サービスではありません。いったいどうして、コーヒーが２杯も飲まれるようになったのでしょう。

あなたには創造的思考能力が備わっています。

でも、活かしていません。実にもったいない！

たとえてみれば、せっかくいろいろなアプリが使える高機能スマートフォンを持っているのに、電話にしか使っていないのです。

もし、あなたにラテラルシンキングをインストールすれば、あなたの持つ基礎能力、発想力をはじめとして洞察力やコミュニケーション能力、問題解決能力までもが一気に目覚めます。


ラテラルシンキングは一体どのような考え方かといえば、あらゆる前提条件から自由になり、アイデアがあふれ出てしまう考え方です。

例えば、今まで20＋80＝１００という「答えは１つ型」の考え方を学習してきました。

ラテラルシンキングはその逆に「１００＝20＋80」「１００＝20×５」「１００＝１００－０」とゴールは、１つであっても多彩な答えを見つける考え方です。

でも、難しくはありません。

あなたも、次のたった３つのコツをマスターするだけでラテラルシンキングを使えるようになります。

1. 常識や前提を常に疑う

そのやり方は正しいのか？ 今はそうだとしても将来もそうなのか。

2. 本質は何か抽象化する

それは、何をするものなのか。そもそもどうなっていればいいのか。

3. セレンディピティ

偶然を無視せずチャンスをものにできないか。道ばたの石ころすらも活かせないか。

本書は仕事を楽しむためのＷｅｂマガジンＢ－Ｐｌｕｓ（ビープラス）に『シリーズ：木村尚義の「実践！ ラテラルシンキング塾」』を連載したところ、「思わぬ解決策が見つかった」、「生き方が楽になった」など、大きな反響をいただきました。

そこで、ラテラルシンキングをマスターするために言葉足らずだったところ、どういった思考法か、具体的な時事の問題をどう解決するか、練習方法、最後には実力テストまでを網羅するため大幅に加筆しました。

本書を読み終わる頃には、あなたは、ラテラルシンキングを試したくてウズウズしていることでしょう！

さて、冒頭の回答例です。

答えは、若い男女向けに、利き酒ならぬ、利きコーヒーをはじめました。利きコーヒーに成功すると店内の成功者ノートに記録されます。もちろん、最初から成功するわけではないので、挑戦者は何度か通って味を覚えてもらいます。味覚がスキルアップして利きコーヒーに成功すると、喜びのあまり友達に自慢したくなり店に連れてくるという仕掛けです。見事に成功した証拠は、店内でしか閲覧できないノートだけに記録されます。

ノートを見た友達は「え⁉ 味音痴のお前の舌が？ じゃ、わたしも試す！」という感じで、学生街だけに友が友を呼びました。喫茶店で一息というよりも、利きコーヒーのゲーム感覚が楽しい喫茶店として口コミが広がりました。

そう、コーヒーに支払う心のおサイフでは、コンビニやマクドナルドに勝てません。でも、友達と競い合う**遊ぶためのおサイフ**は別なのです。こうして、一度に2杯注文する学生さんで店の売上は改善したのです。

もちろん、ラテラルシンキングは、これだけが答えと限りません。

コーヒー2杯の注文でオフィスや勉強用のブースを貸し出すという答えもアリ。

こうした、多彩な答えが出せるのもラテラルシンキングの魅力です。

まえがきは、このへんにして、さっそく、あなたをラテラルシンキングの世界にご案内しましょう。

目次

第1章　日本を騒がせた〝あの事件〟ラテラルシンキングならこうする！　19

第2章 ロジカルシンキングとラテラルシンキング

第3章 ラテラルシンキングの効果、事例　121

第4章 ラテラルシンキングの思考方法　175

第5章 ラテラルシンキングを鍛える練習問題 225

第1章
日本を騒がせた
“あの事件”
ラテラルシンキングなら
こうする！

いくら考えても解決策が導き出せないことがあります。ちゃんと筋道を立ててしっかり考えているはずなのに、優秀な社員をたくさん抱えている有名会社が倒産の危機を迎えるのは、いったいなぜでしょう。

この章では、連日ワイドショーを賑わせた10の事件を取り上げて、論理的な考え方と、ラテラルシンキングだったらどうするか、という答えを紹介します。もし、あなたなら、どうしますか？　本書を読み進めながら一緒に考えてください。

大塚家具の成功と衰退のワケ

昭和の高度成長時代は、地方の大家族が分散して核家族化した時代でした。金の卵といわれた中学を卒業した働き手が地方から主要都市に集団就職します。

都市部には受け入れのため団地や住宅地ができます。こうして主要都市は人口が毎日のように増えました。都市部を囲むように公団住宅が建ち並ぶようになります。とはいえ団地という箱は作ったものの中身はまだまだ。家具は新たな住人の手で揃えなければなりません。

そのような時、１９６９年春日部に大塚家具は前身となる大塚家具センターをオープンします。春日部では巨大団地を建設中であり、団地が建つたびに、ともかく大量に家具が売れたのです。

21世紀に入り時代は変わります。かつて団地の賑わいの中心だった若い人は高齢化していきます。人も建物も老朽化するとともに空き家と不要な家具が増えてきます。かつてのように大量の引っ越しや新築需要が見込めません。

問題の根本は家具を買うこと自体の不安

住宅を求める側も、所得減と将来も勤め先が存続するかどうかという不安から、一生モノの家具を買っても持て余してしまうなら、いざというときに使い捨てできるようにできる限り安価な家具を求めたい。そうした時に、ＩＫＥＡやニトリなど一生モノとまではいかないけれど、手頃な値段の家具を販売する家具店が登場します。そこそこのデザインでそれなりに丈夫で安価な家具という目新しさもあってＩＫＥＡとニトリは繁盛します。

そうした安価で繁盛している家具店を目の前にして、大塚家具は経営方針を巡って親子で対立するようになります。

論理的な経営改善の考え方——ロジカルシンキング

大塚家具は高級家具を販売する（お父さんの匠大塚がやっている）方向性から決別し、買いやすい価格帯の家具とインターネット販売にチェンジします。

高級家具（一生モノ）とニトリやＩＫＥＡなど低価格（使い捨て）との中間の需要を狙った……これは論理的な考えとしては正しいでしょう。

ですが、結局、大塚家具は身売りしなければならない状況に陥ります。なぜなら、そもそも需要全体がシュリンクしているのだから中間需要「隙間」を狙っても焼け石に水。

これが論理的な考え方の限界。

ラテラルシンキングならこうする

需要がないのだったら、需要を作り出す。

アイデア1　大塚家具が民泊に乗り出す

大塚家具は都市部に広いショールームや倉庫を持っています。広いショールームだけに家賃がバカになりません。清掃も大変でしょう。経営初歩として一番減らすべきといわれている、固定費が大きいのです。

それなら都市部にもかかわらず広いショールームという空間を活かして、民泊に改造してしまいましょう。在庫の家具は、そのまま民泊で使用します。家具には値段をつけたままでかまいません。欲しければ買ってもらうのです。狙いとして海外の宿泊客に大塚の家具を体験してもらって買ってもらう。レンタルだろうと、一度手に取り触ったものには愛着がわきます。インバウンド宿泊客の中には自国に持ちかえってでも使おうと考える人がいるかもしれません。

さて、この民泊での宿泊料で当面の運転資金を確保します。

ただし、２０２０年のオリンピックまでが勝負なので（それ以降は宿泊需要が極端に減る）民泊の経営権を売って違う業態にシフトします。

アイデア2 会員制レンタル家具

すでにＩＤＣパートナーズという会員制度はあるのですが、ポイントやメンテナンスの特典があるだけで魅力的に見えません。

お客様は家具など大きな買い物は、購入後の不安を解消したいのです。そもそも論として家具の不安とはなにか。それは家具のような耐久消費財は一度買うと気に入らなくなっても使い続けなければならないこと。これを一掃します。いっそのこと、定額の会費を払えば利用中の家具そのものを好きなだけチェンジできるようにします。

つまり、大塚家具はオリジナル生活家具のレンタル会社となります。

毎月、季節ごと、年ごとなど気分に合わせて好きな家具をレンタルできるようにします。

家具が不要になったら費用のかかる粗大ごみとして捨てなくてすむ。なんといっても大きな物を捨てるという罪悪感がありません。

家具は回収して次のレンタル用にウェブページに掲載（早いもの勝ち）。

一定の期間レンタルして古くなったら自慢のメンテナンスを施して中古品を「オオツカ・ザ・セカンドハンズ」など新たな名称でオリジナルブランドとして国内外の需要があるところにオークションで販売する。

レンタル会費で運転資金は賄っているから中古販売が利益となります。損傷や中古販売で足りなくなった家具は流行を取り入れて、新作をつくれば循環しますから新陳代謝ができます。

スポーツ界の不祥事が続くワケ

２０１８年5月に起こった、学生スポーツでの日大アメフト部の悪質タックル。同年7月には日本ボクシング連盟を会長が私物化した不祥事が大きな社会問題として連日メディアに取り上げられました。

数十年以上の歴史ある組織は、場の空気で何事も決まってしまうことがあります。一度こうした空気で動いてしまう習慣が定着すると、その習慣を変えるのは億劫です。職場のあるある話で会社に新たにグループウェアを導入しても、使われずにメールに戻ってしまうのはこのためです。

そして何年も同じ習慣でやってくれれば、当たり前過ぎて疑問にすら思わなくなります。それが常識です。

アメフトの悪質タックル問題は、審判にさえ見つからなければいいのだという常識だったのでしょう。審判に反則が見つかればレッドカードを突きつけられ、退場になります。こうしたルールが存在すること自体、過去にも反則の存在があったと証明することになります。

そしてアマチュアボクシングでは、会長への異常なおもてなしがありました。最初は怒らせると面倒だという単純な動機だったのでしょう。だれも怒られたくはありませんから、次第にエスカレートして異常が常識に変わります。常識は試合にも及び公正なはずの審判も〝奈良判定〟と不公平な判定に名前がついてしまいました。これでは、本当に実力で勝ちあがっている奈良県の選手もエコひいきだと思われて可愛そうです。

問題は世間と当事者との意識のズレ

事件当事者は、常識ですから疑問に思っていません。何が悪いのかをそもそも理解していないのです。たとえ謝罪したとしても、周りがうるさいから仕方なく頭を下げただけになります。

そうした態度を読み取った記者から、何に対しての謝罪ですかと質問されると「世間を騒がせたことについて」といったピント外れな答え。どうして世間を騒がせたのかの原因を謝罪しないため、幕引きにはなりません。

はたから見れば謝罪がバカバカしく思えてしまいます。当事者としては「組織を守るために自分は本当は悪くないのだけれど、たった独りで責任を被り辞める」という、悲劇の美学に酔っているように見えてしまうのです。謝罪会見の当事者が恐縮するどころか、誇らしげに見えてしまうのはこのためです。

山根元会長に至っては、不正流用したお金は息子さんからプレゼントされた大切な時計を売ってまで返したと美談になっています（あくまでも本人の頭の中では）。

問題の根本は自分が育てた組織へのこだわり

内田元監督は健全な学生スポーツの場に卑怯な危険戦法を使ったこと。

勝つことがすべてというスポーツの道は厳しいという論になりそうです。ところが、学生スポーツは勝つことが全てではありません。正々堂々と戦っているのなら力及ばずでもかまわないのです。

しかし、内田元監督は日大を優勝に導いた監督であるという名誉欲があるからスポーツ選手をリスペクトしません。使えない選手は使い捨てという意識が見え隠れするのです。


山根元会長は、公的組織を私物化したこと。

日本ボクシング連盟は一般社団法人なので一概に公的組織とは言えないそうですが、十分に公的機関のような体をなしているわけです。たとえ、当事者は意図的に公的機関と勘違いさせようとはしていなくとも、一般人からはそうは思えません。そうした公的機関と思わせる団体を私物化したこと。終身会長という役職についたこと。これが問題です。

一応、他のスポーツを見渡せば巨人軍の長嶋茂雄さんは、専務取締役終身名誉監督と名乗られています。スポーツ界において終身○○は、無きにしも非ず。しかし、長嶋終身名誉監督は自己顕示欲のためではなく、野球界そのものを牽引する姿勢を貫いているから国民栄誉賞を授かるにふさわしい人気があるわけです。

事件の両者とも自分が一番だという自己顕示欲を根本として事件が起きたわけで、この点の謝罪がなかったから連日メディアに追いかけられていたのです。

とはいえ、これだけメディアからバッシングの標的にされてしまえば、もはや元の権勢を揮う立場には戻れないでしょう。

論理的な処分の考え方――ロジカルシンキング

この両者を退任させて、協会からは追放処分する。

将来業界に関われなくなったといっても、今までお世話した、お世話になったといったシガラミがあるわけです。怒らせたら怖いという意識もあり、影響力はなくならないでしょう。

これが論理的な考え方の限界。

ラテラルシンキングならこうする

影響力を行使しないように、元の組織からもっと面白いものに注意をそらせる。

アイデア1 内田元監督は後ろからの危険なタックルをルールにしてしまうスポーツをつくる。

内田元監督は格闘技を取り入れたフットボールの創始者となれます。

アメフトにしたって新たなスポーツです。1823年にイギリスの名門校「ラグビー」でウイリアム・ウェブ・エリス少年がサッカーの試合中にボールを持って走り出したのがラグビーの始まりだと言われています。

さらに、米国に渡ったラグビーはアメリカンラグビーとなり、日本ではアメラグと呼ばれ、激しくぶつかりあうことから防具が発達しました。鎧を思わせる防具を身に着けるため日本での略称は鎧球（ガイキュウ）と呼ぶそうです。

ならば、新しいルールがあってもいい。いっそのこと、悪質タックルをルールとして取り入れてしまいます。もちろん、ルールと大きく逸脱してしまっているので、アメリカンフットボールという名称は使えません。空手、キックボクシング、カンフー、拳法など格闘技ナンバーワンのキングをK１（ケイワン）と呼んだように、新しく名称を作ります。格闘する球技ですから、タックル・ファイト・ボール（TFB）とでも呼べばいいでしょう。

防具で厳重に身を固めて、安全に配慮します。衝撃を受けるとエアバッグが膨らむようにします。エアバッグが膨らんだ選手は退場、というようなルールにします。

アイデア2　山根元会長は新たな接待マナーの家元に。

冗談ではなく実際にボクシング連盟ではそうした需要があったのですから、別業界でもそうした接待を求めるひとはもっといるでしょう。

一代で成り上がった企業のオーナーなどは心地よいかもしれません。

なにしろ、一般人はそうした接待を受けたことがありません。実際にやり方がわからないため、元会長の訪問先にはどうやってもてなしをするか申し送りがあったそうです。

申し送り事項、つまり、新マナーの元となるマニュアルはすでに作られているのです。

偉い人が訪れる際、どのように接していいのかマニュアルさえあれば解決です。心地よい接待の体現者として今までにない作法を作れます。古くからの作法は堅苦しく窮屈に見えます。

ある意味、貫禄も実力も十二分にあるわけです。

そんなマナーなどマナーではないとお怒りの方もいらっしゃるでしょう。そんな方はぜひ日曜日のサザエさんを御覧ください。磯野家で休日にデパートまでお買い物に行く場面を注目。波平さんは帽子にネクタイを着用しています。日本人といえば、デパートには正装で出かけていたものです。

波平さんに限らず、昭和の映画フィルムを見れば旅行へはネクタイと帽子着用が常識でした。

いまでは、ずいぶんとカジュアルになりました。マナーもこうやって変化するのですから、山根元会長が新たなマナーの家元となってもおかしくありません。

暑い車内に子供を置いたまま熱中症に

悲しいことに夏の暑い車内に子供を置いて熱中症になる事故が、夏の定番ニュースになっています。

狭い車内では、エアコンを止めた瞬間に温度は急上昇します。サウナなんか80℃以上もあると思われる方もいらっしゃるでしょう。でも、それは大人だから体をコントロールできるという話です。暑いと思えば自分の意志でいつでも出られて、水風呂にも入れます。

子供は、チャイルドシートで固定されるうえ、体温調節が未熟でうまくいきません。

言葉がしゃべれない幼児であれば、的確に体調の悪さを伝えることもできません。あれ、おかしいなと気付くまでに、手遅れになることもあります。ニュースでは、パチンコ店の駐車場に子供を置いたまま遊んでいたとして、親に非難が殺到しました。

パチンコ店ゆえに子供を放置して親が遊んでいるとはけしからんと、注目されましたが、遊びに限りません。ちょっとした用事、銀行に寄ったり買い物したりで思わぬ時間がかかり事故が起こります。

子供が車内にいれば安心

では、なぜ子供を車内に置いていってしまうのでしょうか。

現在では、昭和時代に核家族化が進み、家に誰かがいるということがなくなりました。おじいちゃん、おばあちゃんは別のところで暮らしているのです。生活圏も広がり、少し都市圏を離れれば、安価にマイホームを手に入れられます。代わりに、クルマがなければどこにも行けませんが、クルマは安価になり、誰でも持てるようになりました。

クルマで出かけたとしても用事をこなすのには、子連れだと煩わしい。連れ歩いているうち何か興味を惹かれたら突然に走り出したり泣き出したりします。

寝ていればいるで、良く寝ている子供は起こすとかわいそう。もし、無理に起こしても機嫌が悪ければ泣いて面倒。それなら、クルマに置いていこう。クルマの中でいたずらしないようにチャイルドシートをしっかり締めてという考えです。キッズルームに預けられればいいのですが、そうした恵まれた場所は限られています。

エアコンを入れたままなら、車内温度は急上昇しないのですが、すぐに帰ってくるからもったいないと、エンジンを切ってしまうこともあります。それに、エンジンが動いていると、万が一、子供がいたずらして発車させてしまうかもしれません。

問題の根本は情報過多という問題

問題の根本は情報の刺激が多くて大事なことを忘れてしまうことです。車中に数分なら問題なかったのかもしれませんが、子供を放置する時間が想定外に長くなってしまうと危険です。

そして、目の前に飛び込んできたことに気を取られて子供が車内にいることを忘れてしまうこともあります。

われわれ現代人は、毎日たくさんの情報にさらされています。一日にどれくらいの情報が飛び交っているのでしょうか。英国の心理学者ケヴィン・ダットンは、一日にどれくらいニュース、広告、交通案内、家族などに「説得されているか」調べました。すると多くの人は20から30回と答えました。実際にカウントしてみると400回以上にもなりました。

2、3分に1回の割合で必要なのか不要なのか判断を迫られていることになります。つまり、現代ではあまりにも情報が多すぎるので、情報を取捨選択するのにやたら忙しいのです。

この情報過多の弊害は新たな情報を取捨選択しているうちに、今やろうとしていることを頭の中から押し流してしまうことです。そのたびに思い出さなければなりません。

例えば、スマホのカレンダーに予定を追加しようとして、スマホの画面を見た瞬間に天気やSNSのメッセージ、広告がポップアップされます。それで、予定を追加するという本来の目的を忘れてしまうのです。

また、人間は「はやくはやく」という短期思考と「いや、待て」という長期思考の2通りの思考をします。

短期思考は、原始の思考で目の前に獲物が来たワニと同じです。すばやく判断してバクっとかじります。もう一方の長期思考は分析し評価する思考です。短期思考は「火事だ！　逃げろ！」というときにすばやく動けます。長期思考は受験勉強と同じで嫌なことでも将来の合格を考えられます。

どちらか一方を重視するのではなくて、両方とも必要な思考です。とはいえ、お店にとっては長期思考は厄介です。目の前のセール品を買おうとしているそのときに、いや待て、と分析されてしまうと売上に影響してしまうからです。

そこで、短期思考に偏らせるため、パチンコにしてもスーパーにしても早く早くと焦らせるのです。

店の前を通れば、ネオンサインに風船アーチやノボリにチラシなど派手に賑やかさを演出しています。ここでパクっと食いつけば店の中に誘導します。

中に入れば、さらに短期思考を煽ります。パチンコではフィーバーであったり、スーパーでは閉店セールに出くわしたり。すっかり子供を忘れて目の前を優先させる仕掛けが満載なのです。根本的な問題は、店が短期思考を煽っていることです。しかし、他社でもやっているのでいまさら止められません。

論理的な考え方は情報喚起──ロジカルシンキング

論理的な考え方の場合、店内にポスターを貼ったり、アナウンスで注意喚起をします。

ただし、時間が経てばポスターは風景に溶け込みアナウンスもいずれ無視されるようになります。

これが論理的な考え方の限界。

ラテラルシンキングならこうする！

子供を遊ばせる場所を提供する。

アイデア1　夏の間だけスクールバスをレンタルして、キッズルームとして使う。どうせ夏休み中にスクールバスは使いません。それなら借りてしまいます。なん

といってもバスならエアコン完備。バス利用のキッズルームは、施設を利用してもしなくても有料で預けられるようにします。そのお金で、夏休みに働きたい保育士を雇います。

アイデア2 施設に子供カフェを併設する。猫カフェ、ふくろうカフェと同じように、子供と遊びたい人に子供を貸し出す。これなら、熱中症で命の危険にさらされるより遥かにマシでしょう。

山口達也元メンバーの強制わいせつ問題

ＴＯＫＩＯの山口達也元メンバーは、強制わいせつ容疑で書類送検されました。報道によればＮＨＫ Ｅテレの番組「Ｒの法則」で出会った女子高生を自宅マンションに呼び出して無理やりキス。被害を受けた女子高生はトイレに駆け込み母親に助けを求めたということです。

アイドルは、なぜ、叩かれるのか

アイドルとはもともとの英語での意味として「偶像」とあります。偶像とはつまり、仏像や神像です。本来の意味としては崇拝される対象となるわけです。

主に日本では英語辞典の二義的な意味合いとしてアイドルを「憧れの人物＝芸能人」という意味で使っています。

昭和の頃の芸能界は一般とはまったく違う世界です。一般人との間には大きな壁がありました。

まず、一般人はテレビにレギュラー出演することはできません。反社会勢力との繋がりがないなどテレビ局が考える一定の基準を満たさなければならないからです。

テレビ局もいちいち出演者を身元調査できませんから、芸能事務所に所属するタレントは便利な存在なのです。

芸能事務所に所属しているという事実は身元確認済みということになります。

もし、タレントが問題を起こしたときに本人だけの問題ではなく事務所からコメントするのは身元引受人という責任をはたすためです。

また、二世タレントの事件に親が謝罪会見することがあります。2016年に俳優の高畑裕太容疑者のわいせつ事件がありました。母親で女優の高畑淳子が謝罪する事態になりました。子供の不祥事に親が謝罪するのはおかしいという声がありました。こちらは、本人の実力や意志にかかわらずリーグ戦でいうとシード権を得て芸能界に入ったのです。親のコネによって一般人よりはるかに有利にタレントの地位についているので、親にも責任があると考えられるためです。

問題の根本はテレビに出ている人は鑑となるべきという大衆意識

こうして、アイドルに限らず、歌手や芸能人などタレントと呼ばれテレビに映る人は、身元がしっかりした人とみなされるようになってきました。

昭和の頃は、テレビや芸能界は一般人とは違う世界の人という認識です。

こうして、テレビに出演している人は、大衆の鑑であるべき。公私は無い。そのかわり、どこに行っても優遇されるという常識が定着してきたのです。

当然、過去にもテレビタレントにスキャンダルが皆無であったなんてことはありません。なにしろ、夢を売る商売です。テレビ側としても人気タレントの不祥事は視聴率に関わります。隠蔽工作はざらにあったことでしょう。それに事務所の力関係で表に出ないようにしたり、逆に人気が衰えてきたらわざと注目を集めようと週刊誌にネタを流すこともありました。

こうして芸能界はコントロールされていたところが、SNSによって壁が壊されてしまいます。情報をコントロールしようにも、SNSはコントロールしようがありません。個人が自由に発信できるので、相手が芸能界の大御所だとしても、告発できてしまいます。こうしたSNSによる放送局への非難を避けるためか、山口元メンバーのわいせつ事件はNHK自身が不祥事を公にしたことから発覚しました。

論理的な考え方なら謝罪後どうするか――ロジカルシンキング

山口元メンバーは、ジャニーズ事務所からも脱退しているので世間の注目が冷めるまで謹慎する。

週刊誌などによると、山口元メンバーは某病院にてアルコール依存症および双極性障害の治療に専念しているとのこと。治療が終わっても芸能界からは引退するるでしょう。とはいえ、仕事といってもいまさら、普通に会社員として就職するという訳にはなかなかいかない。

もし、それでも芸能界に復帰するというのなら、事件が風化するまで何年か待ちます。ただ、アイドルとしての寿命は短いので元には戻りようがないと思います。

ラテラルシンキングならこうする！

失敗を隠さず、経験を後進の指導に活かす。

失敗経験を隠して〝なかったこと〟にしたら、後進の教訓になりません。

せっかく芸能界で培われた能力は社会に還元できるはずです。

こうした事件の後は、まずは、ファンのみならず、無関係の人にまで驚くくらいの反省を行動で見せます。「ええ、ここまでやるの？」という態度を示すことで、ああ、本当に反省しているのだなと共感を得やすくなります。

自宅謹慎では反省は見えにくいので、頭を丸坊主にしてお遍路さんとして装束に身を包み四国八十八ヶ所霊場を徒歩でまわる。これくらいの勢いで反省を態度にしてほしいものです。

その後にどうするか。

アイデア1 表に出るのではなく、影ながら芸能人を支援する側に廻ります。なにしろ、元人気アイドルなのですから、アイドルプロデュースなどいいでしょう。すでに存在するアイドル養成学校は、一度だめになったアイドルがどうなるのかを実感を込めて語ることができません。

ＴＯＫＩＯといえばジャニーズでも屈指の人気を誇ります。生き残りが大変な芸能界でトップレベルになるまでやってきた。そのジャニーズで身に付けた手法をプロデューサーとして活かし、スターに登る途中での誘惑、誘惑に負けたとき、落ちてからの更生を教訓として伝えるのです。

アイデア2 **過去に事件を起こして再び復帰したい芸能人をプロデュースする。**

テレビが始まって半世紀、事件を起こしたタレントは数々います。「罪を憎んで人を憎まず」が法の精神です。ならば、本人が芸能界に復帰したいというのなら、そうしたタレントを集めて再起をかけたデビューをさせます。

観光客が来なくなった温泉地

今も、各地の有名温泉では観光客が減っています。

インターネット検索で廃れた観光地と入力すると、不名誉なことですが筆頭が鬼怒川温泉と出てきます。※2018年12月現在

栃木県日光市にある鬼怒川温泉といえば東照宮への入り口として人気を博した観光地です。

かつてはウェスタン村や日光猿軍団が有名でしたが、観光客の減少により両園

とも閉鎖されています。

現在では生き残ったいくつかの大型リゾートホテルを残すのみで、温泉街としての魅力は失われました。

大型リゾートホテルのみが生き残った背景

まず温泉には内湯と外湯があります。

内湯というのは宿の中に温泉があるという意味です。勘違いしている人も多いのですが、外湯は露天風呂ではありません。外湯というのは宿泊施設の外にあるお風呂です。


温泉街の経緯を説明しましょう。庶民にも温泉旅行がふつうのコトになったのは江戸時代のことです。もともと温泉は山奥に湧くことが多いので地元の人しか知りません。徐々に口コミが広がり多くの人がやってきます。昔は、現在のように整備された道があるわけではありません。

そのため、建物が建てやすい広い場所に温泉宿が作られます。そのうちに温泉と宿との道筋にお店などが増えていき道路も整備される。そうして、風呂の行き帰りにお店に寄ることで温泉街が形成されました。

時代は進み技術が確立されて、旅館が掘削して内湯を掘るようになっていきます。

自分の敷地に温泉が湧けば外に行く必要がなくなり、宿泊客にも便利です。旅館では飲食やお土産まで提供するようになります。つまり旅館から一歩も出ることがなく完結してしまいます。旅館も飲食と土産物の売上の全てを自分のものにすることができるのです。この方式によって湯治客は温泉街に一切お金を落とさなくなったのです。

次第に、温泉旅館は巨大化して大型温泉ホテルへと変化していきます。時代はさらに下って温泉ホテルの中では団体宿泊客を獲得することに躍起になっていきます。

1960年代から80年代にかけて、日本経済も活況であったから好調な会社の業績を支える社員の慰安旅行での団体客が非常に多かったのです。森繁久彌主演の映画「社長シリーズ」などを見れば当時を偲ぶことができます。毎夜毎夜の大人数の宿泊客と大宴会。気が大きくなった団体客が芸者をあげての大騒ぎ。寝室も個室ではなく数十人が雑魚寝する。帰りにはお土産を買う。ホテルとしては一契約で一気に収益が上がる団体客ばかりに目が行っていたのです。

問題の根本はホテルだけが生き残ろうとしたこと

ところが80年代後半になり、レジャーも多様化します。働いているときも旅行先もいつも同じ顔ぶれという会社の慰安旅行にはうんざりです。

個人旅行が増えてくると、団体客を得意にしていたホテルは、細かい注文に応えられなくなります。例えば、大広間での食事。個人旅行客が社交的な人ばかりとは限りません。知らない人と同じテーブルで伏し目がちに食べる食事は決して楽しいとは思えません。

いち早く、個人客の重要性に目を向けたホテルでは、大広間を小間に分けるなど、なんとか改装し個別に対応しようと努力して生き残りをかけます。ただし、そのホテルも徐々に客数が減るのも時間の問題です。

生き残ったホテル以外に見るものがなくなってしまったからです。

論理的な考えでは、価格を下げてサービス向上――ロジカルシンキング

温泉街そのものが廃れてしまい、利用客が少なくなったため公共交通機関がありません。いずれ、生き残ったホテルも先細りします。

ホテルは、ともかく主要駅との直行バスを運行し、料金を安くして豪華な料理を提供したり、近代的に改装して乗り切ろうとします。

さらに、インバウンド、つまり、海外からの観光客を誘致しようと奮闘しますが、そういったホテルは日本各地にいくらでもあります。

ラテラルシンキングならこうする！

不便なことを利点としてアピールする。

アイデア1 短期研究開発の専用ホテルにする。

どの会社も、研究だけのために研究施設を持つような贅沢はできません。また、ベンチャーなど資金が限られている場合、将来のために研究施設に投資できません。そこで、短期研究のための施設として提供します。

例えば、第二のセグウェイやパワーアシストスーツなど、ある程度日常的な環境で使用する製品です。ホテルの宴会施設ならカラオケなどで盛り上がりますから、それなりの電源設備がありますし、スペースもあります。

開発状況をスパイしようとしても交通の便が良くないので、誰かが道路を使えばすぐにわかります。

なんといっても、山奥の宿は文豪が逗留して執筆したほどですから、誘惑が少ないため、研究に没頭できますし、研究に疲れたら温泉が待っています。

アイデア2 アルコールや薬物、太り過ぎなどの依存症をなんとか克服しようとする団体に利用してもらう。

交通の便が良くないので、逃げ出そうにも逃げられません。アルコールなども入手経路がありません。ホテルの部屋はむしろ、団体客向けの大部屋を使います。

大勢で寝泊まりするのでしたら、そのぶん多くの目が光っていますから頑張れます。

高齢ドライバーの暴走をどうするか

暴走車といえば、若者の暴走族が定番でした。それは今では過去のこと。現在では、お年寄りの事故が目立ちます。高速道路を逆走するというニュースでは、お年寄りが運転していたことで驚きます。

とりわけ、深刻な状況は事故を起こしたことすら覚えていないということです。一部のネット記事によれば、自動車メーカーの新技術を販売するため、お年寄りの事故は増えていないのにニュースを増やすようにスポンサーとして働きかけているのではないかという噂がありました。

そこで、平成29年に警視庁が発表している「高齢運転者に係る交通事故の現状」を調べたところ、死亡事故における75歳以上の構成比は10年間増えています。

ちなみに、事故原因のトップは操作不適、つまり、ハンドル操作のミスやブレーキとアクセルを踏み間違えて事故になったというのです。自動車メーカーとして真摯に死亡事故を減らすため安全技術開発の努力をしていることがわかります。スポンサーとしてお年寄りの事故が多いと働きかけているわけではなさそうです。

高齢ドライバーの事故が目立つ原因

ではなぜ、お年寄りの事故が目立つのか。近年になって目立つ原因は、大きく分けて5つあると思えます。第一に、日本の人口におけるお年寄りの割合が増えたこと。運転するお年寄りが増えれば、相対的に事故に含まれるお年寄りも増えます。

2つ目は、お年寄りの豊富な経験は現在ではズレてきていること。人間は自分の経験という引き出しから物事を判断します。経験と違うことをなかなか受け入れられません。お年寄りが口癖のようにする「最近の○○は……」という言葉に代表されるように、過去の経験と最近の価値観が違った場合、状況の側に合わせようとしていません。若い人は必ず年寄りに道をゆずるものだという価値観だとすれば、道路交通法に従った運転とはズレてしまいます。

３つ目は視力の低下です。年齢にしたがって目が見えづらくなることは普通のことです。視力だけではなく視野が狭くなり、白内障などで視野が濁り見えなくなります。標識を読もうとして目を凝らしているうちに通り過ぎてしまう。高速道路の出口を読み間違えて進入してしまうかもしれません。

４つ目は筋力の衰え。急停車しようとしてすばやくアクセルからブレーキに踏み変えられない。ブレーキを踏んだとしても力が弱く踏み切れていないかもしれません。他にも、本来は右足だけでアクセルとブレーキを踏み分けるはずですが、右足をアクセル、左をブレーキに置いてとっさの事態に驚いて両足を一度に踏んでしまう。その際、アクセルをより強く踏んでしまった。こうしたことで普通には考えられない事故になるのかもしれません。

最後の５つ目は情報過多です。さまざまな車種が増えたこと、パワーステアリングやアンチロックブレーキシステム、カーナビまでは使わないかもしれませんが、覚えることがたくさんあります。

さらには運転環境の変化、クルマだけに限らず、通行者、自転車、バイクに注意を払わなければなりません。建物が増え看板に道路標識が増えて注意が散漫になってしまうこともあります。

問題の根本は自分だけは大丈夫という過信

事故を起こすかもしれないと運転に自信を持てないのであれば、免許を更新しない、更新しても運転しなければいいのです。さらに、免許証を返納するということは、法的に自分は運転しないと宣言することになるので決心がいります。こうした判断ができる人ほど慎重な運転を心掛けています。返納の判断ができる人は、どんなに慎重に運転しても、年齢による能力低下で事故を起こすかもしれないという想像力を働かせられるのでしょう。

逆に、自分は大丈夫だという頑固なお年寄りは事故を起こさない自信を持っています。いままで大丈夫なのだから、これからも大丈夫という経験による自信です。そのため、ほんとうに事故を起こしたとしても、自分が原因だと認めません。自分の運転以外に別の原因があると疑います。例えば、自動車に問題があってブレーキが効かなかったと思い込んでしまいます。もちろん、事故車を調べてもブレーキには問題が見つかりません。

論理的な考え方で運転させないようにする――ロジカルシンキング

家族からも免許証の返納を勧めてもらう。免許証更新のときの運転適正検査をさらに厳しくする。

免許証の更新を厳しくしても、抜き打ちテストではないので、そのときだけ能力を発揮するかもしれません。軽い認知症の場合、運転免許証が無効になっていることを忘れて運転してしまうこともあります。

ラテラルシンキングならこうする！

運転したくないようにする。または、運転しても迷惑を掛けないようにする。

アイデア1　水ぎわで阻止。

発車の際にトラブルを起こす仕掛けをする。寿命間近のバッテリーと取り替えて、エンジンをかかりにくくする。発車するまでの手間を増やせば、運転が面倒になってあきらめてしまうでしょう。自分で、原因を発見して修理できる、または修理を依頼できるのであれば認知症ではなさそうです。これなら、運転も問題ないでしょう。

自動運転ロボットカーが一般化するまで、これでどうにか乗り切れるでしょう。

アイデア2 高齢ドライバー専用道路網を日本全国に完備する。

道路網には歩行者を入れない、一般車両は入れないなど安全を目指します。1964年に新幹線が開通したとき200キロ走行を維持するため高低差のない真っ直ぐな線路というコンセプトのもと専用線路をつくりました。当時はバカバカしいと思われましたが実現しています。頑固なお年寄りには、運転レジェンド専用の自動車網ということでおだてます。こちらも、そのうち安全運転技術が装備された自動車が一般的になりますから、それまで乗り切ります。

大赤字のカーナビメーカー

カーナビメーカー各社では、売上の減少で苦しんでいます。かつてはオーディオ御三家と言われていたパイオニアはオーディオ部門を売却して、カーナビ専門として生き残りをかけています。それでも2018年現在、赤字の体質が続いています。カーナビに将来はあるのでしょうか。パイオニアに選択肢はあるのでしょうか。

カーステレオからカーナビへ

1980年代のパイオニアは、カーステレオだけではなく、オーディオ・ビジュアル業界に多大な影響力を誇っていました。大型プラズマテレビと高画質の映像コンテンツを再生するレーザーディスクプレーヤーで世界中に名を馳せていたのです。

カーナビは、アメリカが軍事目的のＧＰＳ衛星を民間でも利用できるように開放したところから始まります。

もともとカーナビはカーコンポとしての親和性が良いので、１９９０年にＧＰＳを使った世界初のサテライト・クルージング・システムと銘打って「カロッツエリアＡＶＩＣ‐１」を発売します。地図データにはＣＤ‐ＲＯＭが用意され、テレビ画面に地図と位置情報を重ねて映し出す。今ではおなじみになった光景の始まりです。

こうしてパイオニアはカーオーディオに続きカーナビの代表メーカーとして世界中に知られたのです。

しかし２００１年以降は、パイオニアの躍進に陰りが見えてきます。ＡＶ関連事業が急激に業績を悪化させます。映像部門は、画質にこだわった大型プラズマテレビが思わしくなく、かわりに安価な液晶テレビが主流になります。オーディオもアップル社が家中にある音楽を全て持ち出せるとして、携帯プレイヤーｉＰｏｄを発売したことで、急激に縮小します。

結果、パイオニアはＡＶ部門に見切りをつけ、カーナビ専門メーカーとしての方針を固めます。

問題の根本はカーナビより使えるスマホナビが現れたこと

パイオニアはカーナビに絶対的な自信を持っていました。すでにスマホやタブレットを使ったスマホナビもありましたが、その地図は完全ではありません。オーディオ業界を一変させた勢いを持つアップル社ですら、２０１２年の地図データ更新で誤った情報を配信してしまいました。パチンコガンダム駅など存在しない駅名まで登場しスマホナビの利用者は混乱します。

ルート案内も問題だらけでした。高架橋の高速道路からアンダーパスしている一般車道に曲がれと、バットマンでもなければ対応できないような、とんでもない道案内をすることもありました。

さらに、一部のスマホナビは、山中やトンネルなどでは、圏外になってしまい表示できない場所もあります。

スマホナビはあてにならない。これなら、カーナビは安泰だと思ったことでしょう。

ところが、ここからスマホナビの逆転が始まります。世界中に赤恥を晒したアップル社は名誉回復に地図の強化を始めます。ライバルのグーグル社もアップルの地図が使えないうちにとグーグルマップの強化に乗り出します。ヤフー社もナビアプリに参入するという戦いが始まりました。世界的お金持ち企業が本気を出したため、スマホナビは急速に進化を始めます。

こうした競争でスマホナビはカーナビより便利になり、道路情報はリアルタイムで更新されます。自動車を購入してもスマホナビで済ませてしまおうと考える消費者が増えれば、カーナビ業界が縮小するわけです。では、パイオニアがスマホナビに勝つにはどうすればいいのでしょうか。

論理な思考であればカーナビ機能をアップさせる――ロジカルシンキング

カーナビの更新頻度をもっと上げる。カーナビにドライブレコーダーを組み合わせて、事故が起きた場所を地図で確認できるようにする。

ラテラルシンキングならこうする！

スマホナビには使えない、使っても意味のない機能を搭載する

アイデア1　ドローン搭載カーナビ

カーナビの目的は、いち早く最適ルートで到着できることです。全ての道でドローンを車載としてカーナビと連携させせます。ＶＩＣＳは主に警察などから情報を収集しますが、リアルタイムというわけにいきません。

ＶＩＣＳで再度算出した迂回路を信じても、たったいま起きた事故だとふさがっているかもしれません。それなら、ドローンに偵察させて、リアルタイムで空いている道を探すのです。ドローンを飛ばした３Ｄデータは将来のために蓄積しておきます。

アイデア2　ドローン用の空中ナビ

ドローンを飛ばしたデータを蓄積し、ドローン用のナビを開発します。

将来、空中宅配が実用化される頃には、ドローン用の空中ナビが必須となります。従来の地図データに3D情報として、ドローンを飛ばせる場所、飛ばせない場所を判別させるように、来るべき将来の基礎データとしても使えます。

オウム真理教事件を防ぐには

1995年3月のオウム真理教による地下鉄サリン事件。事件の背景はいろいろな報道がされているので、ここでは教団の内部の事情とは別の角度から解説を試みます。

オウム事件が起きた原因はバブル景気とバブル崩壊

1980年後半から、バブル景気が絶好調を迎えます。お金が潤沢にあり経済が回り続けている間は、公私にわたって多忙であり、多少の不平不満にかまっている暇はありません。

その後、1991年にバブル景気が崩壊して景気が悪くなりました。

バブル景気の頃は志望学生を確保するためさまざまな手段を使いました。海外研修と称して豪華客船に乗せてしまうのです。これでは、二股をかけようとして別の会社を受けることすらできません。ところが、バブル景気が崩壊すると経済が停滞し企業は採用を控えるようになり、学生確保に躍起になっていた会社が一斉に採用を見送ったのです。

学生たちは不安になり、出口の見えない閉塞感をなんとかしたいと考えるようになります。高学歴の学生は、情報収集をすればするほど行き先の不透明感が増して、不安になります。一生懸命に勉強して良い学校に受かれば、いい会社に就職できて一生安泰という強固な価値観がバブル経済とともに崩れてしまったからです。

経済が停滞し暇になると悪い想像しかできずに不安ばかり募ります。少々乱暴な理屈ですが、優秀な学生は停滞のためにできた暇を考える時間に充てて、いい学校に入っても将来はわからないという価値観の転換を受け入れます。そのような時代背景から、導いてくれる何かを求めるようになりました。

問題の根本は、ヨガ道場を流行らせようとして自分を盛ったこと

1980年代にオウム真理教事件の首謀者となる麻原彰晃はヨガ道場、オウムの会を主催します。ヨガ道場は徐々に宗教的な要素を帯びてオウム真理教となります。

1990年は20世紀が終わるために、終末思想が流行していました。ノストラダムスの大予言をはじめとして、UFOに超能力や超常現象といった「不思議なことブーム」が再燃していたのです。

麻原教祖は超能力者だと信用させるため空中に浮いている写真を見せて信者を獲得していきます。もちろん、ジャンプした瞬間に写真を撮るといったトリック写真です。

麻原が超能力者だと信じた学生が訪ねて来たら温かく迎えます。行き先の見えない学生の現実逃避の行く先がオウム真理教だったのでしょう。就職に敗れた学生をオウムがスカウトし、資金を渡してさまざまな研究をさせます。

優秀な学生が集まれば集まるほど、ますますトリックを巧妙にしなければなり

ません。見破られたらせっかく集まった学生が一気に去ってしまうかもしれません。いずれ、大きな超能力を見せなければなりませんでした。

論理的な考えが得意な学生だからこそ信じた――ロジカルシンキング

予言はそう難しくありません。予言の代表である雨乞いの儀式は、雨が降るまでずっと祈っていればいずれ雨が降ります。

地震が来るとずっと言い続けていれば、ほんとうに地震が起きたときに「ほうら超能力で予言を的中させた」と言えばいいのです。タネを知っていれば何ということもないのですが、大きな災害で動揺しているところですから信じやすくなるのです。

1995年1月には現実に阪神淡路大震災が起きてしまいます。終末思想を掲げるオウムは、全くの偶然ですが予言通りになってしまったわけです。これには、麻原当人が驚いたことでしょう。逆に自分は本当に救世主だと思い込んでしまったのかもしれません。

予言を的中させたオウムです。スカウトされた学生は本物の救世主の手伝いをしていると誇りに思ったことでしょう。次の世界を作るため現在の世界を終わらせる人として麻原を投影してしまったのです。震災の2ヶ月後には地下鉄サリン事件が起こります。

ラテラルシンキングならこうする！

いくら盛ったとしても、だまされないように、子供の頃からだまされ耐性をつくる。

従来は、君子危うきに近寄らずと、危ないからと遠ざけて近寄らないという考え方で教育をしています。

しかし、遠ざけてばかりいると「騙されスキル」が育ちません。痛い思いをして騙されると次には気を付けようと考えるものです。

オウム事件の後は、新興宗教に関しては怪しいとか危ないといった忌避の風潮がありました。しかし、不安を煽って組織に取り込んでしまう状況はさまざまな場所に入り込んでいます。

現代では、何が正しいのかを自分で見極めるスキルを必要とされる世の中になってしまいました。

アイデア1 小学校の授業に騙される体験学習を取り込みます。例えば、イカサマOKのギャンブル、花札、ポーカー、ブラックジャックなどを取り入れます。

小学生から騙され慣れしておけば、疑う習慣ができます。こうした騙され経験を重ねていくと、あれ、おかしいな？ と論理的には合っていても感覚的に受け入れられないものは疑ってみる。こうした考え方が習慣になります。

廃業したスペースワールドを復活させる

スペースワールドはインスタ映えしようとして魚が泳ぐ上でスケートをしようと考えました。魚５０００匹を氷漬けにしたスケートリンクです。ただ、誤算だったのはインスタウケするどころか、悪趣味だと炎上騒ぎになったことです。悪意があってやったわけではなく、来場者に喜んでもらいたいという一心でのことでしょうから、炎上騒ぎとは、思いもしなかったことでしょう。

ユーチューバーならともかく、炎上商法としてテーマパークではそう上手くはいきません。

スケートリンク騒ぎが引き金となったのかは不明ですが、結局の所、スペースワールドは２０１７年12月末で閉園してしまいました。

魚のスケートリンクが炎上した理由

たとえスケートリンクが規格外の捨てられる運命の魚だとしても、命あるものを食べるのではなくて、踏みつけてもて遊ぶ。しかも金儲けのネタとしてという点が日本人の美学に合わなかったのでしょう。

スケートリンクに魚ではなく写真かフィギュアが埋め込まれていたら、また、違う結果になったかもしれません。

実際にジンベイザメなど巨大な魚は写真を使っていました。

問題の根本はスペースワールドという名称

宇宙をテーマにしたテーマパークなのに魚のスケートリンクで話題を集めようとしたところ。少なくとも未来をテーマにしていればその名称にふさわしかったはずです。

論理的な考え方でテーマパークを復活させる――ロジカルシンキング

他のテーマパークで当たったイベントを真似する。B級グルメのグランプリを開催する。コスプレイベントを開催するなど。

ラテラルシンキングならこうする！

名前の通りスペースを活用できるように世界に開放する。

世界中にロボットカー、ドローンの実験場として貸し出します。敷地面積もあり、障害物がたくさんあります。パークそのものを無人のロボットカーが走るテストコースにしてしまいます。無人のロボットカーを公道で走らせるには、許認可に手間がかかります。

パークは私有地なので手続きは減ります。大型のドローンも使えますし、歩行ロボットの実験にもパークのアトラクションを使えばさまざまなデータが取れるでしょう。

世界中にテスト施設として貸し出し、見学者も世界から誘致します。先端科学を体験できますから喜ぶこと間違いなしです。

相続した親の空き家をどうするか

現在、郊外の一戸建てに空き家が増えています。おもに1970年代から80年代に造成された宅地で、近隣には緑も多く理想的な住宅街だと思われていました。

ところが、そこで育った子供たちの多くが独立して都心のマンションに住むようになり、親の家は無用になります。住宅街も高齢化が進み、次第に空き家が増えています。空き家は空き家のまま放置すると換気されないために、カビが生えさらに老朽化が進みます。

また、人が住まないことでシロアリやネズミなど害虫害獣の巣となり、巣作りに開けられた穴によって倒壊の危険も出てきました。しかし、空き家を更地にすれば費用もかかる上、固定資産税が高くなります。相続したとしても朽ちるまで放置するしかありません。自治体も放置された空き家に頭を悩ませます。

問題の根本は相続した空き家を手放せないこと

バブル崩壊から、20年経って住宅の都心回帰が始まります。高騰していた土地が下落したため、オフィス街の近くに住居としてマンションが建てられるようになったのです。

親が郊外から仕事に通うつらさを知っている子供は、独立してからは通勤に便利なマンションを購入します。こうして、ドーナツ化したときの親の住宅が残りました。親の高齢化に従えばいずれは、郊外の家を相続することになります。

とはいえ、相続したもののすでに都心にマンションを持っています。空き家を貸すとしても都心までは遠い。かつて若かった住宅街も高齢化が進みやがて空き家ばかりになったのです。かといって、更地にしたら固定資産税がのしかかります。駐車場に転用しようにも、周りがすでに路上駐車場のようなもの。自治体としても人口は減り、空き家対策費の負担が増え頭を抱えているのです。

論理的な考え方はカフェやシェアハウス――ロジカルシンキング

定期的に空き家を掃除するサービスを頼む。

利用するアテもないのにサービス費用ばかりがかさみます。もちろん、都心のマンションローンも払わなければなりません。


住宅街は高齢化が進んでいるので介護施設にリフォームする。

高齢者の数は徐々に減っていくので、将来は先細ることが目に見えています。

また、カフェやシェアハウス、シェアオフィスにする。

高齢者ばかりの住宅地では、カフェやシェアハウスに収益が見込めるとは思えません。シェアオフィスにしても都市圏からは離れています。

民泊にしても、観光地から遠く都心からも離れています。

空き家を単体で利用すれば、これが限界です。

ラテラルシンキングなら複数の工場群と考える

空き家を複数集めて大きな施設として考える。

空き家を単体として考えず、大きな生産工場と考えます。

個々の住宅室内を野菜の水耕栽培農場、高級魚の養殖場として工場の区割りと考えればいいのです。

太陽電池パネルを屋根に設置し蓄電池をエネルギー源の足しとします。これで24時間LED照射により野菜を成長させ、養殖魚の水質を管理します。別の空き家では、野菜や高級魚を瓶詰に加工して世界に出荷する。

こうして空き家ばかりの住宅地を工場として稼働すれば、働く場所を提供できますから、高齢化にも歯止めをかけられるでしょう。こうなればシェアハウス、シェアオフィスも実現できます。

そして、空き家のオーナーとしても費用ではなく収益化が見込めるようになります。

第1章まとめ

日本を騒がせた10の出来事を紹介しました。もちろん、答えは1つではありません。ラテラルシンキングを身に付ければ、もっともっとたくさんの答えが導き出せます。いくつもの答えの中から最適な1つを選び出せばいいのです。

あなたなら、どんな答えを思い浮かべますか?

次の章からは、ラテラルシンキングの特徴と身に付け方を紹介します。

第2章

ロジカルシンキングとラテラルシンキング

ロジカルシンキングとは

ラテラルシンキングの世界を紹介する前に、有名なロジカルシンキングを説明しましょう。現在は、ロジカルシンキング全盛の状況になっています。本屋さんに行けばロジカルシンキングについての本がたくさん積まれています。なかには、ロジカルシンキング専門コーナーまでできています。

それだけロジカルシンキングばかりを目にすると、ロジカルシンキングができなければ生き残れないかのような勢いです。でも、ロジカルシンキングは、何冊もの本を読み込まなければできないほど難しいものではありません。

ロジカルシンキングの例を挙げるとすれば、まずは、有名な三段論法です。

三段論法とは、

大前提：人間（A）は死ぬ（B）。

小前提：ソクラテス（C）は人間（A）だ。
結論：だからソクラテス（C）は死ぬ（B）。
というものです。

AはBである、CはAである故にCはBであるという結論を出す。ある前提に従って答えを出すまでに一貫して筋が通っている考え方です。こうした三段論法などのロジカルシンキングは、古代ギリシャの哲学者アリストテレスが体系化したといわれています。アリストテレスは無類の分類マニアで、霊長類、ヒト科、ヒト属というように分類する生物学の祖でもあります。

極論すれば、ロジカルシンキングの極意は分類することにあるのです。

分類というと難しそうに感じますが、普段から慣れ親しんでいるはずです。電話帳は50音順に分類されています。友達とか家族とか会社とかも分類しています。分類はあらゆることに使われています。

行動も分類できます。例えば手順。手順も一連の作業を細かく分類したものと言えます。複雑な機械でも、しっかりした手順書さえあればなんとか動かせるようになります。19世紀の工業化の時代には大量の人手が必要になりました。人手があったとしても、機械を操作できなければ意味がありません。

そこで、熟練工に頼らずとも手順書を詳細に作ることで、短期間で操作をマスターできるようになったのです。つまり、大きな問題に出合ったとしても細かく、細かく、細かく、分類すれば、最終的にはシンプルな答えに行き着くというわけです。

ロジカルシンキングはすでに身に付いている

実を言うとほとんどの人は、小学生の時からロジカルシンキングを勉強しています。小学校を卒業する頃にはロジカルシンキングは染み付いています。

ところが、ロジカルシンキングを無意識に使っているのに、気付いていない人が多いのです。

その証拠に、通勤通学を考えてください。

会社や学校の定時に遅れないように家を出ますよね。初めての場所に行くには何分かの余裕をもたせます。一度、目的地に着いてわかってしまえば、次回は、もう少し楽に行けるように考えます。電車の時刻と何両目に乗れば、乗り換えが楽なのか。

どの車両での窓からだと景色がいいとか。このように、目的地に到着する時刻から逆算して、歩きに何分、乗り換えに何分、電車に何分というように細かく分類して考慮しています。

毎日の通勤通学ですら、繰り返し最適化をしていきます。最適化とは、何時に家を出れば遅れないか、どの車両に乗れば出口に近いのか、乗り換えが楽なのかを繰り返し突き詰めることです。

これって、計画（Plan）、実行（Do）、評価（Check）、改善（Action）のPDCAサイクルにほかなりません。

毎日少しずつ時間や乗る場所を変えるうちに、家をゆっくり出ても楽に到着できる経路が見つかります。こうして解決手段を見つけたら、繰り返し深掘りをして最適化していくことがロジカルシンキングというわけです。電車に限らず自動車もどの道が空いているのか繰り返し突きとめます。

通勤通学の時にはこうして無意識のうちに、ロジカルシンキングを実践しているのです。

もちろん、あなたも、いつもやっていることですよね。

ロジカルシンキングはフレームワーク

ロジカルシンキングが得意だという人は、このいつもやっていることを意識して使っているだけなのです。

コンサルティング会社のロジカルシンキングとは、これらの「いつもやっていること」から法則性を見つけだして分類して命名して、体系化して問題解決を提案しています。

そのコンサルティング会社では、考えるための手法が用意されています。この手法をフレームワークと呼んでいます。コンサルティング会社の先人が考え出した解決パターンに当てはめるのです。

聞き慣れない人のために、フレームワークを簡単に説明しましょう。

単に何か解決策を考えてくださいと言われても、何を考えていいのかわかりません。

そこで問題解決の先人たちは考えるための基準である枠組み（フレーム）をつ

くりました。

例えば、三角形を描きなさいと言われても、フリーハンドで描くのは難しい。でも、三角定規に当てはめれば誰でもきれいに三角形を描けますよね。この定規のようにフレームに沿って作業していくので、フレームワークと呼ばれます。問題解決のためには、この枠に従って考えていけば早く考えをまとめられます。

要するに適切なフレームワークを当てはめさえすれば、解決パターンが確立されているので　効率良く課題が解けるのです。

こうしたフレームワークを使うには、MECEという考えが基本になります。

MECE（ミーシー）とは、

Mutually（お互いに）
Exclusive（重ならず）
Collectively（全体的に）
Exhaustive（漏れなく）
……の頭文字になります。

簡単に言えば、もれなくダブりなく分類するということです。

唐突ですけれど、ためしに新たなラーメン店を出店するつもりで、ＭＥＣＥに沿って考えてみましょう。

まず、スープの味をどうするか。醬油味、塩味、味噌味、カレー味と分類します。つづけて、豚骨味、煮干し味、このへんから分類が怪しくなります。豚骨醬油とか煮干し塩などが出てくるからダブります。

つまり、醬油、塩、味噌は味の分類で良いのですけれど、豚骨味はダシの分類と気付きます。そこで次はダシを分類しようと考えていきます。こうやっていろいろな角度や切り口で分類していけば、漠然とスープというよりも味やダシ、スープの粘り気などと体系化できるようになり、深掘りすることで理解も深まります。他にも麺やトッピング、丼というように分類して深掘りしていきます。さきほどの三段論法と組み合わせると、これはどこの店の系統で、こういう味に仕上げている、理由はこれこれというように論理的に説明できるようになります。

ただ、美味しいというよりも説明に具体性が加わり説得力が増すので、グルメ評論家がよく使っている話し方ですね。たかが、ラーメン１つとってもＭＥＣＥを使えば論理的な説明も楽にできるようになります。

ＭＥＣＥに分類できたら、フレームワークに当てはめます。新たに店を出すのですから、出店する地域を調べます。他の店とかぶらないようにしたいですね。そこで、縦軸に高い－安い、横軸に高級－お手軽の線を引いて四象限マトリックス※図1にして他店の手薄なところを調べる。ピラミッド型に分類していくロジカルツリー※図2で、味、ダシ、麺を検討してメニューを検討する。お客様が来店したら次に何をすればいいのかというプロセスフロー※図3を作成。こうしたさまざまなフレームワークに当てはめていきます。

ある問題が起きたとき適切なフレームワークを探してきて、原因を探ったり似たような解決手段に当てはめて問題を解決します。

ロジカルシンキングの特徴をまとめると次のようになります。

ロジカルシンキングは、筋道を立てて一貫して考える。

考えるためには、分類して細かくしていけば最後にはシンプルになる。

分類はＭＥＣＥでモレなくダブリなくを意識する。

分類してからも深掘りを続ける。

フレームワークを使うと効率良く解決できる。

図1　四象限マトリックス

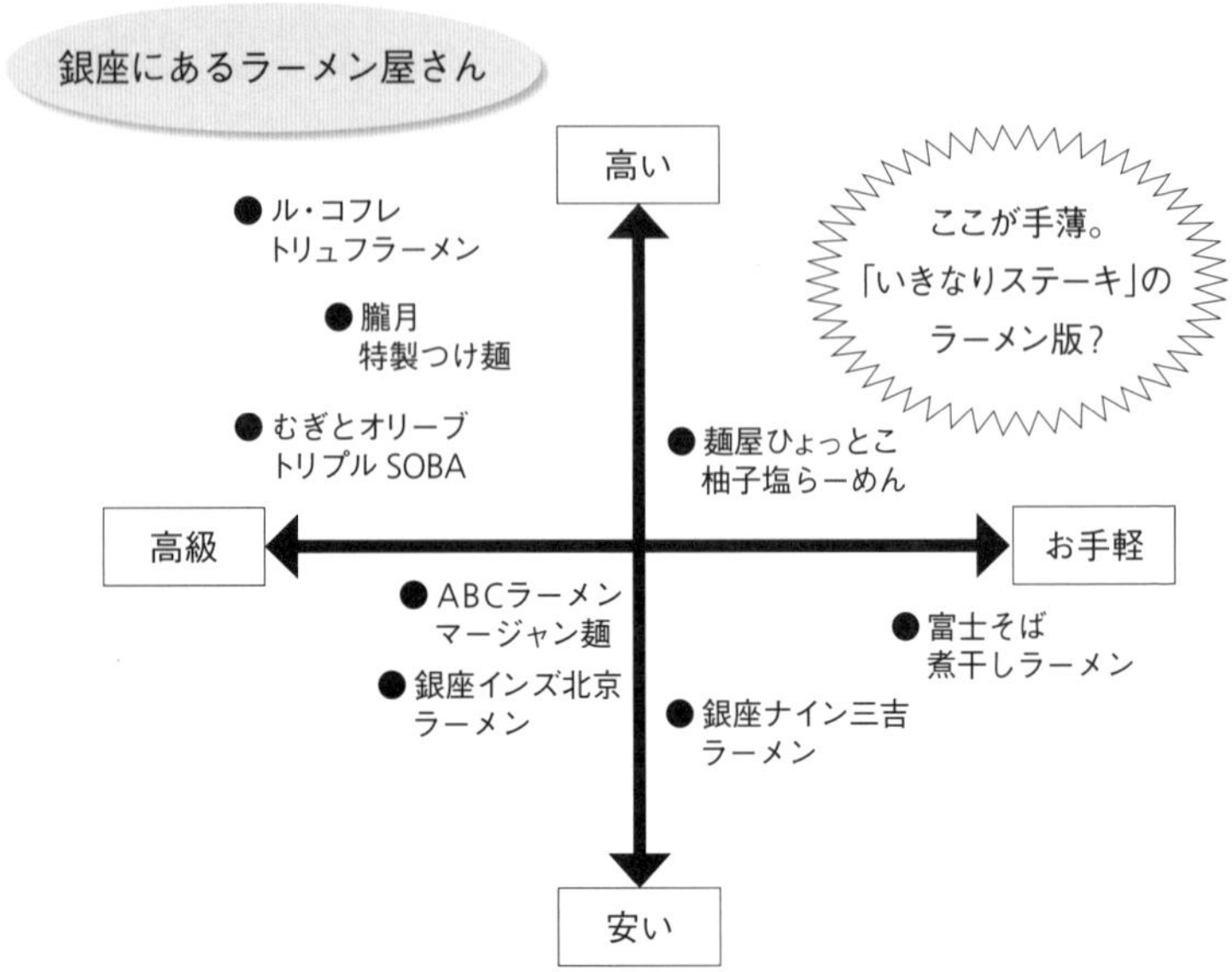
銀座にあるラーメン屋さん
高い
安い
高級
お手軽
ここが手薄。「いきなりステーキ」のラーメン版？
ル・コフレ トリュフラーメン
朧月 特製つけ麺
むぎとオリーブ トリプルSOBA
麺屋ひょっとこ 柚子塩らーめん
ABCラーメン マージャン麺
銀座インズ北京ラーメン
富士そば 煮干しラーメン
銀座ナイン三吉ラーメン

図3　プロセスフロー

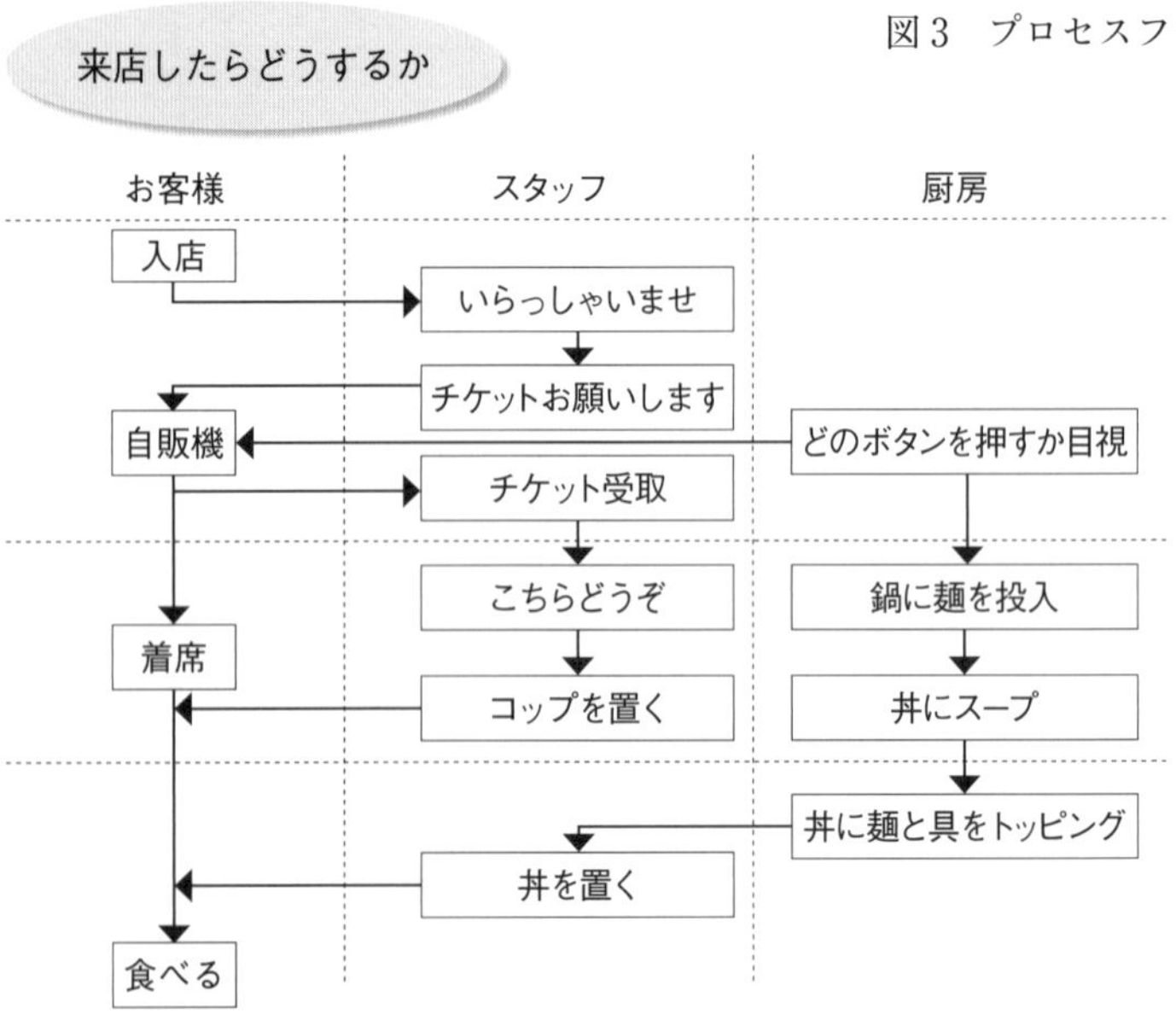
来店したらどうするか
お客様
スタッフ
厨房
入店
いらっしゃいませ
チケットお願いします
自販機
どのボタンを押すか目視
チケット受取
こちらどうぞ
鍋に麺を投入
着席
コップを置く
丼にスープ
丼に麺と具をトッピング
丼を置く
食べる

図2　ロジカルツリー

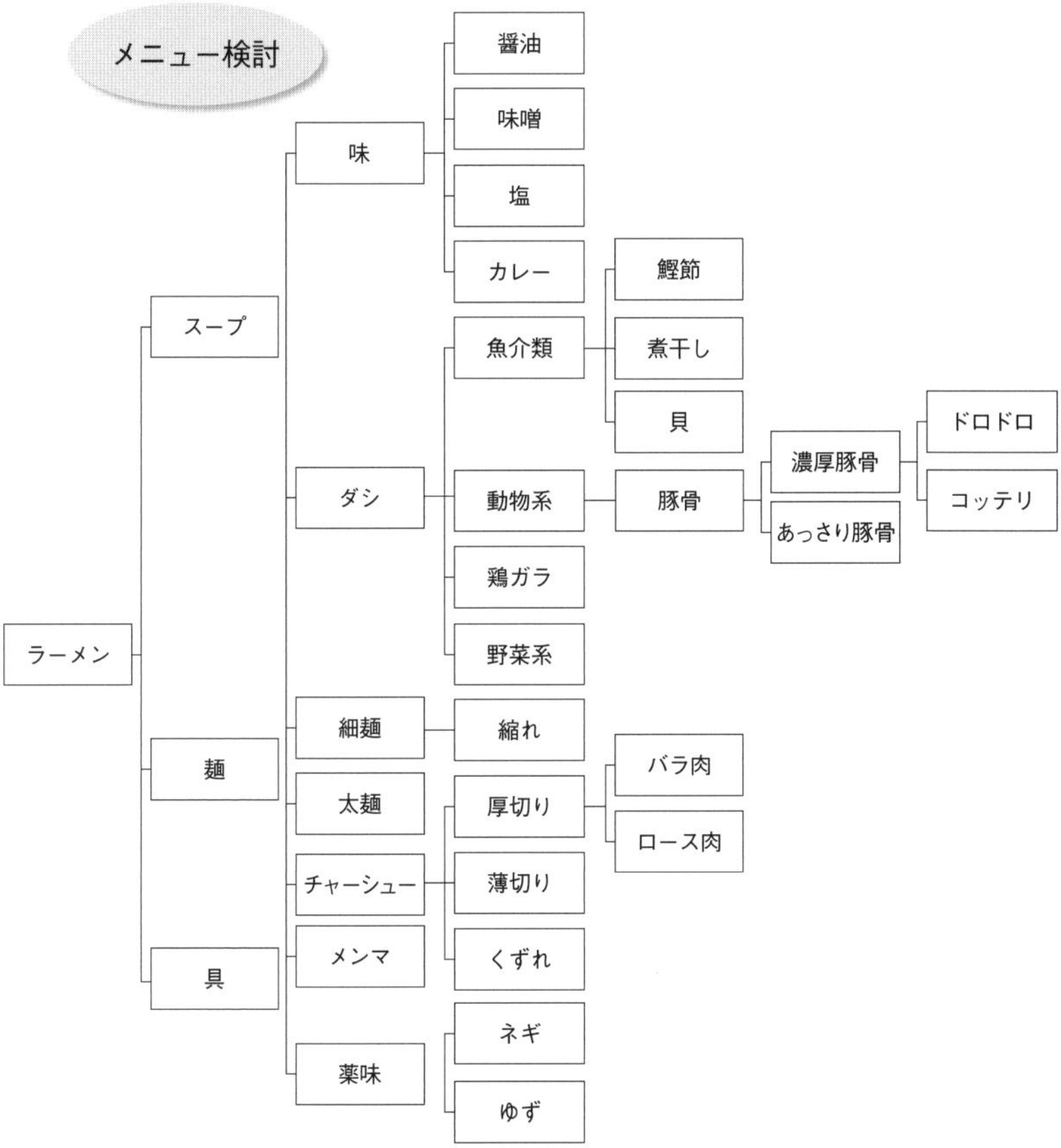
メニュー検討
ラーメン
スープ
麺
具
味
ダシ
細麺
太麺
チャーシュー
メンマ
薬味
醤油
味噌
塩
カレー
魚介類
動物系
鶏ガラ
野菜系
縮れ
厚切り
薄切り
くずれ
ネギ
ゆず
鰹節
煮干し
貝
豚骨
バラ肉
ロース肉
濃厚豚骨
あっさり豚骨
ドロドロ
コッテリ

前提が同じ、だから終わりのない苦しいマラソンになる

前提が同じであれば、最適解は似ているため、ロジカルシンキングは同じような結論を出します。

水泳の自由形を考えてください。自由形は水中で最速を競う競技です。要するに速く泳ぎささえすればいい。ならば犬かきだろうが、古式泳法だろうが、どのような泳ぎ方でも構わないはず。ところが、クロールばかりになっています。最速がクロールなので、自由形は事実上クロールのみになってしまうのです。

ビジネスも同じ前提だと、競争が激化します。

安く、速くて、便利という前提でビジネスをすると、競争に打ち勝った勝者はもれなくブラック企業に陥ってしまいます。

従業員に働きやすい職場と手厚い報酬を与えようとすれば、いずれ商品やサービスの料金に跳ね返ります。一方、従業員を大切に扱わない会社なら、料金を上げる必要はありません。

あなたは、同じ商品サービスなら、安い方と高い方のどちらを選びますか。同じものなら、安い方を選びますよね。

なかには、あの会社は社員を大切に扱うから、高い方を選ぶという神様のようなお客さんもいるでしょう。けれども少数派です。そうなると、従業員を大切にしている会社は売上が減少して、手厚い報酬だったものが次第に薄くなってしまいます。

他より安くするためには、何かを削らなければなりません。5人の作業を3人でこなす。3人の作業は1人でこなすという具合です。2014年に牛丼チェーン店のすき家では、ついに深夜の店をたった一人で担当するワンオペに行き着いて、過酷な労働状況が社会問題となりました。

こうして、減らしていっても、いずれは限界が来ます。限界を超えて削ると安全のために考えられたものすらなくなります。

自動車でいうのなら、事故を起こさないように注意するから、シートベルトをなくそうと言っていることと同じになります。

競争はいずれ限界が訪れます。値下げといってもゼロ円にしかなりません。いくら速くしても、ゼロ秒までにしかなりません。長時間営業といっても24時間までにしかなりません。

前提が同じところから抜け出すラテラルシンキング

いくつか、競争の例を挙げましょう。

現在、都市部にあるコンビニチェーンは働き手が少なく、多数の外国人に頼っています。チェーン本部としても少数のスタッフで運用できるようにＩＴを導入して効率化し、セルフレジを導入するなど工夫をしています。

それでも人を確保できない。時給を上げる前提を考えないからです。コンビニの仕事は多岐にわたり商品出しと販売だけではなく、宅配の受付や納税代行などさまざまな業務があるから自動化には限界があるのです。なんといってもコンビニは、24時間営業している前提なので、どうしても働き手が足りなくなってしまう。

ラテラルシンキングで考えるならば、24時間をやめます。逆転の発想をして営業時間を絞り込みします。特に都市部では歩いて数分以内にもかかわらず、同じコンビニチェーンが数店あるはず。

ならば、全てを24時間営業にすることにこだわらず、早朝から午前のコンビニ店。昼から夕方営業の店、夜から深夜の店というように時間帯別に専門店化して絞ればいい。それぞれの時間帯で扱う商品も厚くできるはずです。そうすれば朝専用コンビニは朝食が充実しているという特徴を出せます。

豪華さ競争に勝った変なホテル

都会のラグジュアリーホテルは、天井が高くシャンデリアなどが輝いています。床を見ればふかふかな絨毯です。壁を見れば絵が飾られていて、観葉植物があります。食事をするとお客さんの数より、スタッフの方が多いのではないかと思うこともあります。ラグジュアリーホテルとは豪華なものという前提があると、豪華さ競争が始まり、きりがなくなります。

同じ豪華さ競争でもラテラルシンキングなら、一味違うホテルが出来上がります。

シンガポールのホテル、マリーナベイサンズに至っては、三棟ある高層タワーの屋上に橋をかけるようにして全長150メートルにもわたるプールを設置してあります。

似たり寄ったりのホテルの中でも、ランドマークとして認識されれば、ひときわ目を引きオンリーワンになります。こうした発想がラテラルシンキングです。

変なホテル

競争から外れたホテルをもう一例、紹介しましょう。恐竜が受付スタッフを務めるホテルがあります。恐竜といっても、本物ではなくてロボット恐竜です。変なホテルですね。

そうなんです。名前もズバリ「変なホテル」。トラベル会社のHISが展開するホテルです。ハウステンボスを皮切りに関東、近畿にホテルを開店しています。宿泊客もスタッフがロボットなので面白がります。変なホテルと名乗っているだけに、多少のトラブルは宿泊客も織り込み済みですからクレームも少ない。恐竜ロボットだけではなく、女性型ロボットも登場しています。

日本語だけではなく翻訳ソフトによって多国語にも対応しますから、外国人も喜んで宿泊します。変なホテルとは単に他と変わっているというだけではなく常識を超えて「変わり続けることを約束するホテル」というコンセプトです。ラテラルシンキングを体現していますね。

スポーツクラブの大胆な約束

スポーツクラブは、プールはもちろん、ジムエリアにはウエイトトレーニングにテレビ付きランニングマシン。同じ場所で走るだけでは飽き足らないのか、本格的なランニングトラックまで揃える施設も登場しました。もちろん、サウナや温泉付きスパも備えています。

一度、スポーツクラブには充実した施設が必要だという方針が決まるとあとはロジカルシンキングの出番です。ここでも設備の充実競争が始まるのです。

ラテラルシンキングでこのスポーツクラブ競争の常識を変えた会社がライザップです。

豪華な施設をつくるのではなく、安価な雑居ビルを借りて最小限の施設にする。設備投資を減らした分、人件費を潤沢に使ってトレーナーを育成する。短期間のトレーニングで、マンツーマン指導するため料金は高くなりますが結果を保証。もし結果が出なければ返金という思い切った施策を出します。

キャッチコピーは「結果にコミット」ですから、自信のほどがうかがえます。こうしたことから、体重を落としてムキっとなるような体作りには、ライザップした（する）という言葉ができてしまいました。グーグルを使って検索することにググるという言葉ができたことと同じように、行為を表す代名詞となってしまうほどブランドが確立されたのです。

いまさら、ライザップを真似ようにも、スポーツクラブでは施設に投資してしまっています。いまからでは、参入もできません。施設競争から抜け出して、ラテラルシンキングで新しい常識をつくった例です。

守られている業界、テレビ局の競争

テレビ業界は、視聴率が行動の前提となっています。どこかの局の視聴率がいいとわかると、同じような企画で対抗します。お陰でテレビはニュースバラエティに街歩きとひな壇芸人の番組ばかり。視聴率がいいと証明されているのですから、あとは同じような企画を量産するだけです。大きな視聴率を取れないとしても負けないようにするには、同じような番組を対抗馬として充てるだけになります。

ただし、いずれ、テレビ局の競争相手は、他のテレビ局だけではなくなるため、安易な番組作りができなくなります。

これからは、アイデア勝負の個人のユーチューバ、資金の潤沢なネットフリックスやアマゾン・プライムなど、ネット配信会社がテレビ局の競争相手になります。ネット配信会社の独自コンテンツはまだまだ少ないのですが、過去の膨大な映像コンテンツを好きな時間、スキマ時間を利用して、見られるようになっています。

さて、電車の中を見渡すと、みな、スマホでニュースサイトやゲームなど思い思いの時間を過ごしています。

そのうちにネット配信会社から、スマホにダウンロードした映像コンテンツを楽しむようになるでしょう。

そうなると現在のテレビ局の視聴率にも少なからず影響が出てくるはず。

なにしろ、膨大な資金力をバックにして独自に番組制作を始めています。ネットフリックスに至っては2018年には、50%をオリジナルのものにするべく年間で1．4兆円もの予算を組んでいます。

アイデアを持つクリエイターが企画を持ち込むのなら、テレビ局よりも外資系の映像配信サービスへの持ち込みが定番になります。だって、認められればいきなり世界に広がるチャンスなのですよ。

このままでは、閉鎖的でかっちり仕組みが固まっている従来のテレビ局では、太刀打ちできなくなります。変えようとしたら、自らがつくったいくつもの壁を壊さなければならないでしょう。

すでに、そうした兆候も現れていて、個人レベルで企画から映像制作までしてユーチューブで配信するユーチューバーも登場しています。2017年にトランプ大統領の孫が真似して火がついたピコ太郎などが良い例でしょう。

テレビ局は、無数のユーチューバーと資本力をバックにしたネット配信会社を相手にしなければなりません。

スクープ映像すら、テレビ局取材の独占ではなくなりました。

2018年夏の関西を直撃した台風や北海道の地震では、テレビ局の取材班よりも、一般人が映した衝撃映像が遥かに充実していました。テレビのコメンテーターの話よりもSNSやまとめサイトで十分だという人もいたでしょう。

しかも、テレビ局では衝撃映像とスピードを重視するあまり、一部の映像はきちんと裏を取れずに配信してしまってフェイク（嘘）となってしまうものもある。このままでは、一般人の取材とますます差がなくなってしまいます。視聴率をアップさせるにはという前提に引っ張られているからにほかなりません。

視聴率という前提が変わってきているのなら、やり方も変わっていなければならないのに、従来のやり方から変えられません。それだけ、従来から効率化、省力化を徹底してガッチリとした仕組みが構築されているのです。

これは、前提が変わらないのなら、それこそベストな仕組みの完成です。前提が変わっているのに代わり映えのしない番組ばかりになっているのは、今までの仕組みがガチガチに最適化されすぎてどこも動かせないでいることが原因です。

もはや、ロジカルシンキングが暴走している

ロジカルシンキングは前提を明確にしてから思考します。

例えば会社では、かならず計画書を作成します。ビジネスマンなら、ロジカル

シンキングで会社の売上計画を立てよといわれますよね。

売上の計画案は何人もの決裁を経て完璧な計画を作り上げて実行されます。

こうした計画書は一流の会社であればあるほど完璧なものをつくりあげることができます。超優秀な人が何人も携わっているので絶対成功するはずです。


でも、なぜか失敗することがあります。もちろん、全て正しい情報を元に計画を立てている前提であってもです。


計画と現実がズレたら、計画そのものを一切捨てて、もう一度検討すれば良いだけです。さすがに全体の計画を捨てることは難しいので部分的に修正しようとします。ところが、部分的に修正しようとしても、部分的な修正はかえって難しい。完璧な計画だけに、部分的にずらすと全体の建て付けが歪んでしまうのです。あちこち、ほころびが大きくなり最後はバランスを崩して計画は失敗します。

例えば今までの慣習で例年10％売上アップが達成されているという前提で計画されたとします。いままでそうだから、これからもそうだという前提は果たして正しいのだろうかという「そもそも論」は検証されることもなく、10％ずつアップする計画が策定されたとします。もし達成できなければ、前提が間違っていたのだからと全部捨ててやり直せばいい。

ところが、前提が正しいという認識のままだと、現在の数字がおかしいと結論づけてしまいます。

一度、数字がおかしいと思い込むと、つじつまを合わせるため捏造に手を染めます。企業の売上に対する不正な不祥事はこうしたところから始まっていきます。しかも不正に限らず大企業で幹部になるエリートは、エリートゆえに大変ロジカルな考え方をします。ここで捏造が本来の数字だったのだという思い込みが始まると、もはや前提が間違っていることなど思いが及ばなくなります。

幹部の申し送りが始まると何世代にもわたって不正が公式として引き継がれます。東芝の粉飾決算事件がそうだったように、もう、この前提では限界だとわかっているのにやめられない。前提を変えることすら思い付かなくなります。こうなると社会通念上は許されない方法もいといません。

当局による調査が入るようになって、本当の限界が訪れて、ようやく「ダメだとわかっていた」と示し合わせたように言うのです。

他にも、自動車会社では燃費や排ガス改善のために日夜努力をつづけています。それでも、いずれは限界が訪れます。どうしても数字を達成できないと、フォルクスワーゲンのようにソフトウェア自体を修正するようになる。これは、社会通念上は許されるものではありません。

前提を明確にするほど計画と行動がズレやすい

ズレてしまう原因は主に次の2つです。

・より狭く、具体的に定義している。
・時代の流れが速い。

ロジカルシンキングで目標達成するためには、どうやって行動すべきかをより狭くより具体的に定義します。細かく定義すれば、行動しやすくなります。ところが、具体的にすればするほど、柔軟な対応が取れなくなってしまいます。前提と行動がズレやすくなるのです。

ズレているといえばこんなジョークがあります。

米国からネジのライセンス生産で、不良率を100個のうちに5個にすると決められました。しかし、日本の技術で作ると不良率が1000個で1個になってしまう。そこで、どうしたら不良品がつくれるのか米国に作り方を問い合わせた。真面目な日本人をジョークのネタにしていますね。

こうした不良品は海外では結構アバウトなようで、100個のうち5個不良品が出るようなら、110個納品してしまえという考え方をします。

もう少し、現実的な例を出しましょう。

よく、駅前でティッシュ配りのアルバイトを見かけませんか？　わざわざ、アルバイトを雇っているわけですから、親切心だけでティッシュを渡しているわけではありません。広告のためですよね。

ティッシュのウラに広告が入っていいます。チラシだけではごみになってしまうので受け取ってもらえなくても、便利なティッシュなら受け取ってくれるでしょう。特に花粉症の季節には。

このモノで釣って通行人の方から広告を受け取ってもらおうという考え方は、ラテラルシンキングですね。問題は、その先のロジカルシンキングにあります。

ティッシュ配りのアルバイトにノルマがあるかどうかはわかりませんが、できるだけたくさん配ることが指示されているはず。広告に興味がある人に配ってといっても、人を見ても判別がつかないから、数撃ちゃ当たるでたくさん配るしかありません。

さて、あなたがアルバイトだとして、さっき配ったよなぁと思う人が何度も何度も目の前を通ります。どうやらティッシュが欲しいだけのようです。あなたは、配りますか？

もちろん、配りますよね。たくさん配りなさいと、指示されたわけですから、たくさん配れるのなら手段を問いません。でも、本当の目的の広告の効果として考えれば、同じ人に配っても意味がありません。

ティッシュ配りは、単純なズレの例ですが、次のケースをどう考えますか？

営業の上司に3ヶ月で一億円の売上を立てろと指示されます。達成できればトップセールスとして表彰されて報奨金もでる。でも、ここでトップセールスになりたいからと、焦って押し売りすれば返品やクレームとして跳ね返ってきます。ティッシュ配りと同じく指示を具体的な数字だけにすれば、かえってクレームの温床にもなるのです。

もう少し、大きなレベルでは、会社での業績向上のために無理して数字をつくり、年々繰り返すうちに粉飾決算になってしまうこともあります。
　これらは、目標を明確で狭くすればするほど、無理がたたってズレてしまう例です。

計画より速い時代の流れ

　ＩＴ機器の発達は、情報のリアルタイム伝達を可能にしました。ＳＮＳは一瞬のうちに情報を沢山の人に伝えます。しかも、個人がなんら検閲を受けずに配信できるのです。これは、平等に情報発信の手段を得られて素晴らしいことです。ただ、同時にリアルタイム性は時代の流れを速くします。今までは、情報を発信すると波のように伝わっていました。一通り終端まで行けば波は反射してまた、中心に戻ってくる。これを繰り返すので、情報の収束までにはある程度時間がかかりました。

　ところが、今では、こうした情報はＳＮＳによりあまねく均一に届くようになりました。とりわけ、映像として情報を発信できることが大きな変化です。言葉による壁を簡単に超えられるからです。

そのため、海外の情報も瞬時に伝わるようになります。そんな、複雑な理論などを考えなくても、一発芸人の旬が短くなっていることを体感していませんか。

企業も新製品の情報をＳＮＳで拡散することが普通になっています。ＳＮＳは一瞬のうちに伝わるため、出荷しても数量が足りないという事態が起こります。サントリーの透明飲料ヨーグリーナは２０１５年４月発売当初に、売れすぎて一時的に販売停止になりました。ヨーグルト味でありながら透明という不思議さが受けて口コミで人気になります。いわゆるバズるという状況が生まれます。

新製品はサントリーのような老舗企業としてもどれくらい売れるかまではわからないために、採算ラインを考慮して生産します。そのあとの様子を見ながら増産する。

ところが、一気にバズったために店頭からなくなりました。嬉しい悲鳴ではあるのですが、材料の仕入れやボトルの調達がありますから、足りないといっても１週間やそこらでは増産しようもありません。

このまま増産しても売れ残りの心配があります。幸いなことにサントリーの透明飲料シリーズは、ミルクティーやビールに至るまで新フレーバーも定着しました。

もし、増産しても一瞬のブームで終わっていたら目も当てられません。成功例の影では、一瞬のうちにブームが過ぎてしまうものも数多くあります。

具体的な目標を掲げようと言われていたのにうまくいかない。さらに時代の流れが速くなった。

いったい、どうしたことでしょう。

従来のやり方では、行き詰まりが見えてきているのです。

さて、一体どうすればいいでしょうか。

もう、お気付きですね。

こうした、歴史的な変革期を乗り越えた実績ある考え方が、ラテラルシンキングです。

たびたびの時代の変革をラテラルシンキングは乗り越えてきているのです。

考えるな！　思い出せ！　ラテラルシンキング

ラテラルシンキングはどんな思考法かといえば、あなたもすでに身に付けている考え方です。

子供の頃を思い出してください。

小学校に上る前の幼児は、ラテラルシンキングが大得意です。遊んでいるときに年少のお豆さんがついてくることはありませんでしたか。タカオニで遊ぼうということになるとします。厳格にタカオニのルールで遊べば、高いところに登れないお豆さんはずっと鬼のままになってしまいます。これでは遊んでいても面白くありませんね。

こういったときの子供は、新しいルールをつくります。お豆さんは走り回っているだけで、タッチされても鬼にならないとか、わざと捕まるように高いところに登らないとか。目的は競技で勝つことでなく、遊戯を楽しむことにあるので、ルールは遊びを面白くするものなのです。

答えもひとつだけではありません。ルールは状況状況で柔軟に変えていきます。お豆さんも楽しいように、即席でルールを作ってしまう。こうした考え方がラテラルシンキングなのです。

右利きのロジカル、左利きのラテラル

右利きと左利きの人がいるように、人間、だれしも、どちらかが得意です。
考え方もロジカルシンキングが得意な人とラテラルシンキングが得意な人がいます。
右利きも左利きも練習さえすれば、両手を自由に使えるようになります。
パソコンのキーボードなんかも、両手を使ったほうが速く入力できますね。

天秤の両端の関係

ロジカルシンキングとラテラルシンキングは天秤の関係です。ロジカルシンキングでどうしても解決策が行き詰まってしまう。そうしたときには、ラテラルシンキングを試します。

少子高齢化を解消する答えとは

最近は少子高齢化により、老人介護では次々と問題が噴出しています。自分が元気だとしても、親の老後を気に病む時代になったのです。なにしろ人類史上これだけ高齢者がいる状態は前例がないことなので、国としても研究が進んでおらず対策もままなりません。

要介護度が高くなれば、片時も目を離せなくなります。手伝ってもらうとしても、介護ヘルパーを雇うにも介護保険には限度があり、それを超えると個人負担が増えてしまう。

ヘルパーを雇うお金がなければ、仕事をやめて介護に専念しなければなりません。すると、貯金を切り崩してしまうことになります。さらに問題は、急速な高齢化によって高齢者が増える一方で介護ヘルパーの絶対数が足りない。

もう、お手上げの状況です。介護ヘルパーを雇うという前提だからです。ロジカルシンキングで行き詰まってしまったら、ラテラルシンキングがブレイクスルーになります。親の介護が大変ならば、思い切って、介護施設に自分が転職してしまうのです。他人の高齢者を介護することになりますが、自分の親を施設で介護しながら報酬も得られます。ラテラルシンキングはこうした考え方をします。

介護施設では必ずしも全員に介護資格が必要とは限りません。資格がなくても働ける仕事があります。もし、資格をとるのだとしても現場で働きつつ勉強し、資格取得を目指せばいいわけです。

前提を変更してしまうという発想

ロジカルシンキングが、前提を決めてから考えるのに対して、ラテラルシンキングは考えた後、前提に当てはめます。どうしてもルールを示されると、もうそれが変えられないものとして考えがちです。自然法則はどうにもなりませんが、人のつくったルールであるならどうでしょうか。ラテラルシンキングでは、時と場合によってはルールどころか前提すら変えられないかという発想もします。

国家同士の取り決め、TPP（環太平洋パートナーシップ協定）は、一度決まってしまうとその履行には多大な努力が必要になります。

米国では、トランプ大統領が当選すると、すでに決まっていたTPPから離脱してしまいます。そして、まったく違うTAG（物品貿易協定）の締結に向けて動き始めました。

TPPは米国にとって不利だと考えたからです。ルールどころか協定からも離脱してしまうことをいとわない。

ロシアのプーチン大統領は、北方四島交渉を、白紙に戻すような発言をして有利に交渉を進めようとします。

日本人から見ると、ずいぶんと、ずるいやり方に感じます。

しかし、日本一国が、ずるいから正々堂々とやれと言ってもどうにもなりません。そもそも国民によって考え方がまったく違うのですからどうしようもありません。

逆に世界の常識から日本を見れば、日本の常識を押し付けるなんて、ずるい国だと考えるかもしれません。考え方の違いは、お互い様なのです。世界外交とはこうしたものだと考えて、自国に有利になるように、したたかに交渉していくしかありません。

したたかな交渉は普通だろう、したたかな交渉のどこが、ラテラルシンキングなのかと思われるかもしれませんね。

ロジカルシンキングとラテラルシンキングは天秤の両端の関係ではありますが、両者とも天秤の中心に近いと別々のアプローチをしても解決手法が似てしまうことはあります。

交渉は元暴走族の総長におまかせ

こうした交渉は、学校では習えないタイプの考え方が必要です。むしろ、はみ出しものが得意とします。

例えば、会社に行こうとして、間違えて逆方向の電車に乗ったとしたらどうしますか。常識ある人なら、すぐに次の駅で降りて正しい方向の電車に乗り換えるでしょう。

でも、ラテラルシンキングが得意な人は、そのまま逆方向に乗り続けてしまうのです。

当然、会社は遅刻か欠勤になります。こうした人は会社に行くという、前提をそもそも無視しています。

実を言えばこうした常識を守れない人の方が、ラテラルシンキング向きです。

少し極端な例を紹介しましょう。

学校の校則を守れなかったり、落ちこぼれたり、元不良学生とか元暴走族だったという人の方が、創業社長となり新規事業を立ち上げています。

なにしろ、上場企業には就職できません。元暴走族の仲間も行き場がなければ、集まってくる。意外と創業社長には、こうして起業せざるを得なかった人がいます。

上場企業ともなれば、就職希望の学生をよりどりみどりで選べます。停学を繰り返すような応募者は書類選考時点で落とします。

元暴走族の総長というような肩書は、就職には使えません。普通に就職ができないのであれば、自分で事業を始めるしかない。そこで仕方なく創業社長になります。

ところが、意外にも経営手腕は見事なもので、交渉事も巧みなのです。それもそのはず、ケンカ慣れしていますから、極度に緊張を強いられる場面にも慣れている。普通なら危険だと近づかない場所にあえて踏み込んでいくこともいとわない。危険だからといえばビビっていると、ナメられてしまう。

度胸試しの毎日ですから根性（メンタル）が鍛えられます。これではブラック企業も霞んで見えます。暴走族の総長ともなれば、相手チームとの交渉にも長けているし、自分のチームの統率も取らなければなりません。

さらに、いつも何か面白いものはないかと企画能力も磨いている。常識人の目線では、学校をサボっているから勉強ができないように見えますが、学校では学べない、修羅場で勝ち残る勉強をしてきたのです。

野暮《ヤボ》と粋《イキ》

交渉とはやや異なりますが、理屈としては正しいのだけれど、感情として受け入れられず、もやもやが残るということがありませんか。

ロジカルシンキングだけで厳密にルールをつくってしまうと、機械的で冷たいだけになってしまうこともあります。

私が遭遇した事例を挙げましょう。ある銀行で、些細なトラブルがありました。会社の要件で口座の振替をしようと、銀行の窓口に向かいました。あらかじめ用意していた銀行の用紙に口座の金額である60万円と書いてわたします。

すると窓口では最初の数字はゼロですかロクですかと尋ねるのです。そこでロクですというと、これはゼロにも見えるので受け取れない。理屈としては正しいとしても、はい、そうですかと、引き下がるのもシャクです。

そこで、いや、どう考えても00万円では、振替はできないですよね。だから60万円ですよ。それに、あなたが、ロクと判別できたからこそ、わたしにゼロかロクなのかと尋ねたのですよね。と念を押します。

これでもしだめなら、会社に戻ってもう一度、振替用紙を書かなければなりません。そこで、窓口のあなたから、上司に確認してもらえませんかとお願いをしました。しばらく待つと上司もダメだというのです。上司はむしろ、ルールを守らせるのが仕事だから見逃せない。つまりやっぱりダメだと。

このまま押し問答しても時間が過ぎるだけなので、会社に戻ろうとしましたが、やっぱり納得できず、ひと駅先の小さな支店に行きました。窓口では何食わぬ顔で振替を頼みます。すると、これはゼロに見えますけれど、ロクですよねと確認されて、そのまま手続きが終了したのです。

もし、ゼロかロクか判別できないのであれば、わざわざ人間が窓口にいる必要はないでしょう。人間が対応するのは、総合的な状況判断ができるからこそ。機械的にルールを示されて、大銀行なのに、いや大銀行だからこそ野暮な対応なのだと思いました。腹立たしい銀行の対応も、こうして書籍のエピソードに使えて、元は取れたのでスッキリしました（笑）。

人間、心の機微というか、理屈としては正しいとしても、感情のさじ加減がなければ、腹落ちしません。

今度は、粋な例を紹介しましょう。

落語や演劇には大岡政談という演目があります。名奉行大岡越前守忠相が、難しい裁判を見事に解決した話です。とりわけ子供を二人の母親が引っ張り合うエピソードが有名です。ある子供に母親だと名乗る女が2人現れます。どちらが本当の母親かということで裁判になります。判別がつかないので両者が子供の手を引っ張り合うことになります。

当然、子供は痛くて泣き出します。すると一人の女が思わず手を離す。引き勝った女は子供を連れて行こうとしますが、名奉行は手を離した女こそ本当の母親だと認めます。本当の母親ならば、我が子が痛がっている姿を見て離すだろうというのです。

こうした、判決に人情味があると庶民からは粋だと称賛されました。

大岡政談はほとんどが諸国から集められたエピソードといわれていますが、今に至るまで「名奉行の大岡裁き」と庶民に親しまれています。

物語だけではなく、現実にも粋な実例があります。2014年の2月に大雪で、中央自動車道でたくさんの車が立ち往生してしまいました。その中に山崎製パンの配送トラックも巻き込まれます。どうせ、このままではパンは届けられません。

そこで、トラックの運転手は兵糧攻めになっているドライバーに好きなパンを持っていってねと荷台を開けてパンを提供したのです。この運転手の機転は粋な行動です。普通の会社なら貴重な商品を勝手に処分したと運転手を罰してしまうことでしょう。

さらに山崎製パンは、このような状況でのルールは存在せず、運転手の自主性に任せているとして、この運転手がどのような人物かも明らかにしませんでした。実に粋な会社ということで山崎製パンは、好感度が高い評価をされるようになっています。

ロジカルシンキングは、厳格に当てはめてしまうと理屈が通っているだけに、融通が利かない、野暮だと思われてしまいます。

心の機敏、感情、義理と人情などラテラルシンキングのエッセンスを利かせれば、粋なはからいになるのです。

ロジカルシンキング・バカ

ここまでロジカルシンキングとラテラルシンキングの違いをお話ししていますが、勘違いして欲しくないことがあります。ロジカルシンキングを、いらないと言っているわけではありません。ロジカルシンキングを偏重しすぎると息詰まるということです。

ロジカルシンキング、ラテラルシンキングの両方をバランスよく使えば、困難な問題も意外な突破口を見つけられて解決できるでしょう。

バランスをとれ

ロジカルシンキングとラテラルシンキングの両方が必要なこととは、例えばこういったことです。

ある研究で、山菜と長寿の関係に注目したとします。

山菜を多く食べているお年寄りは元気であるという結果が出たとします。これは、本当でしょうか。

ロジカルシンキングでは、山菜のうちでもどれが一番効果的なのか突き詰めたくなります。その前に、ここでは、いったんロジカルシンキングを忘れて、ラテラルシンキングに切り替えます。ラテラルシンキングでは、山菜以外の条件にも注目します。山菜以外というと、他に何を食べているのかに目が行きがちです。でも、ここは、食べ物を忘れて、条件をもっと別の角度に広げます。

もしかしたら、山菜を取りに山の中に入っていくお年寄りは自然に足腰が鍛えられて、そのことが長寿と関係あるのかもしれないと考えを広げるのです。もし、食べ物に注目したまま研究を進めてしまうと山菜だけを食べれば長寿によい、という結論になってしまうかもしれません。

効率のロジカルシンキング、感動のラテラルシンキング

ロジカルシンキングの考え方を深さにたとえるなら、ラテラルシンキングは広さという関係になります。

両方を使えば、深さと広さという大きな論考ができるというものです。

これまで説明してきたように、ロジカルシンキングは、無駄を省き効率化して最適化することに使えば効果を発揮します。

一方、ラテラルシンキングは、何事にも無駄という考え方をしません。無駄があるということは何かの指標や意味、存在理由が必要になります。それらは思考の枠を作ってしまいます。

ラテラルシンキングは数値化できない、意味のないものを扱います。

人が感動するときには、無駄を省こうとは思いません。たとえば、鉄道趣味がエスカレートして払い下げ車両を自宅に置いてしまう人がいます。近所の住人は

バカなことだと言うでしょうが、当人は気にしません。AKB48の推しメンバーをセンターにするため、選挙権付きCDを何百枚も買い込む人もいます。これらは周りから見ると意味がないもの、無駄なものに見えます。でも、当人になぜ好きなのかと聞いても、好きだからとしか答えられないでしょう。好きの理由を聞くこと、それこそ野暮というものです。

理由のないものと理由のあるものを合わせて呑みこめること。これがこれからの時代を乗り越える考え方なのです。

ラテラルシンキングで大胆に考えて、ロジカルシンキングでもれなく詳細に設計すると望ましいわけです。

歴史の変革期のいまこそ、ラテラルシンキング

モノ中心の社会であれば効率的に大量生産に向いているロジカルシンキングです。

そろそろモノの量産の発想から離れて、人が中心の発想に切り替えなければならないでしょう。人が中心なら、理屈だけにとどまりません。感情や感動はロジ

カルシンキングだけではなく、ラテラルシンキングからのアプローチが必要です。

第2章のまとめ

ロジカルシンキングは筋道を立てて一貫して考えていく手法です。

ロジカルシンキングでは、具体的に目標を考えます。

正確な情報を元に分類をしてシンプルな解決にたどり着きます。

ロジカルシンキングは前提を明確にしてから考えます。ラテラルシンキングは考えてから前提に当てはめます。

効率化や最適化するにはロジカルシンキングが適しています。

発想の転換は、ラテラルシンキングが便利です。

歴史の変革期には前提が使えないので、ラテラルシンキングが適しています。

第3章
ラテラルシンキングの効果、事例

日本人はラテラルシンキングが好き

ラテラルシンキングとは、昔から日本人が好きな「とんち」と同じ思考です。

とんちは、一休さんのエピソードが超有名ですね。

例えば、こういった話です。

ある時、一休さんが橋を渡ろうとしたら「このハシ渡るべからず」という立て札。気付かれないように橋を渡ろうとしても、役人が橋を見張っていて、村人も困っています。

そこを一休さんは、何食わぬ顔で堂々と渡ってしまいます。役人は一休さんを止めようとしますが「ハシを渡っていけないというから真ん中を通るのだ！」と一喝します。

役人があっけにとられる隙に橋を渡ってしまうのです。

この話、他にもバリエーションがあって、次の日の立て札には橋を歩くべからずと書かれています。これだったらハシだろうと真ん中だろうと渡れないだろうと、役人なりに知恵を絞った結果です。

一休さんは橋の前までゆっくり歩いてきます。固唾をのむ役人と村人。ここで、一気に「走って」渡ってしまうのです。

こうして一休さんのとんちは、ことごとく威張っている役人をやり込めます。どうやら、当時の役人はよっぽど嫌われていたのでしょうね。

役人つながりで、少々マイナーな吉四六（きっちょむ）さんのエピソードも紹介しましょう。大分県の民話で、酒屋を営む廣田吉右衛門がモデルとされています。だからきっちょむといえば、お酒を思い浮かべた人もいるのでは？

さて、吉四六さんは、意地悪な役人から、知恵試しをされます。「自分たちの国から一番遠いのはどこの国だ」と聞かれ、とっさに尾張（現在の愛知県）と、でまかせを答えます。

役人は、吉四六さんのウソに気がついて陸奥（現在の青森県）に決まっていると反論します。何事かと町人も集まってきたので、どちらが正しいか賭けることになりました。

吉四六さんは、ちょうど通りかかった旅の僧侶に聞けばわかるといって連れてきます。昔から僧侶といえば博識で頭がよいとされていましたから、役人もそれなら勝ち負けがはっきりするだろうと納得します。

吉四六さんは、尾張と陸奥はどちらが遠いか？　と聞くと、こっそりお布施を渡します。

僧侶は思わず「おありがとうございます（尾張が遠ございます）」と言います。賭けは、吉四六さんの勝ちとなりました。

民話ですから……おおらかです（笑）。

現代の問題は複雑になっているから、とんちでは、解決策にならない？　そうですか。

たしかに、あなたのご見識も、ごもっともでございます。

でも、ラテラルシンキングはユーモア歓迎ですから、こうした答えもアリなのです。

まだ、納得いきませんか？　では、尾張つながりで、戦国武将の話をしましょう。尾張の武将といえば織田信長ですよね。いくさ上手で敵には容赦ないというイメージが強い信長ですが、意外にも女物の着物をひらひらさせたりもしていました。周りの武将からは信長の自由奔放な振る舞いが理解できず、周りの武将からは「尾張の大うつけ（まぬけ）」と呼ばれていました。

その信長は前提にとらわれず戦いの常識を次々と変え勝ち続けます。政治も例外ではありません。岐阜に拠点を構えたとき、城下での商売を無税にしました。これが楽市楽座です。

他では戦費を捻出するため税金をかけることが常識でした。ではなぜ、税金をかけなかったのでしょうか？

当時の岐阜はまだ田舎だったので、道路整備ができていません。でも、楽市楽座によって全国から商売人が集まります。人が集まると、踏み固まって自然に道ができるのです。

道ができれば商売人を相手に飯屋や宿屋ができるでしょうし、宿屋にも労働力が必要になりますから自然な流れで街が出現します。税金で道路工事費を捻出するよりも、安上がりだったというわけです。

信長にしてみても、楽市楽座が成功すれば全国に名をとどろかせることができて、一石二鳥です。

楽市楽座は、昔話だから、やっぱり現在のビジネスとは違う？　ああ、なるほど。あなたの疑問ごもっともです。では、現代の楽市楽座と同じ手法で国内トップになった事例を紹介しましょう。

現代に信長の考え方を当てはめるとどうなるか。

インターネットの草分け的存在であるＹａｈｏｏ！はショッピングモール事業で、楽天市場に後れを取っていました。２０１３年に孫正義氏は「ｅコマース革命宣言」を発表し、Ｙａｈｏｏ！ショッピングモールは出店料を無料とします。結果、１年後には出店数で国内トップのショッピングモールとなりました。

ほら、これって、楽市楽座と同じ発想ですよね。

全て無料なら、Ｙａｈｏｏ！はどうやって儲けるのかって？

たくさんの出店者が集まれば、出店したとして、その他大勢に埋もれてしまいます。

インターネットの世界では、目立たなければ、ないことと同じ。売上もままならない。

では、その他大勢から抜け出すには?

Ｙａｈｏｏ！はショピングモールに広告プランを提供しています。

出店者は埋もれたくなければＹａｈｏｏ！に広告を出すでしょう? Ｙａｈｏｏ！は直接の出店料ではなくて、広告収入で儲かればいいわけです。

損して得取れという逆転の発想もラテラルシンキングなのです。

前提を疑うラテラルシンキング

ラテラルシンキングが広がった経緯を紹介しましょう。

ラテラルシンキングは、時代の変わり目に求められてきた思考法です。1960年代に英国の心理学者のエドワード・デボノ博士により提唱された思考法です。

日本では1966年、千葉大学名誉教授・多湖輝先生のベストセラー『頭の体操』（光文社）によって広く知られます。ちょうど高度成長の好景気が陰りを見せた頃です。大量生産しても買い手がなければ余ってしまう。そうした時代背景から発想の転換が求められていました。

大量生産時代には会社員全員が同じような考え方をすると便利です。熟年夫婦がアレ、ソレといった指示語だけで会話を成立させるように、明確に言語化されていなくても察して理解できます。

これは、言葉でなく、お互いの行動を観るだけで、何がしたいのかがわかる状態です。こういう状態のことをツーカーの仲といいます。

ツーカーとはツーと言えばカーと答える、お互いに気心が通じ合っているので、伝えたいことは一言で伝わるという意味です。昔の携帯電話（現ａｕ）に有りましたね。実に通信会社らしくツーカーをブランド名としたのです。

バスケットボールやバレーボールの選手が相手チームに作戦を気取られないように、目配せだけで、作戦を伝え合うことと似ています。

さて、話を戻して高度成長期には、物は作れば作るだけ売れました。大量に同じものを出来るだけ早く作ることが求められます。伝達事項があるのなら、なるだけすぐに伝えられるといい。ツーカーの仲は今のようなSNSもない時代の一種のコミュニケーション手段なのです。

工場のラインは現在のように自動化が進んでいるわけではありません。手作業に頼る部分も遥かに多い。ツーカーであれば細かな指示をしなくても伝わります。

こうして、社員はできる限り同じ行動を求められました。同じ行動をしていれば、いずれ、お互いの考え方がわかるからです。

社員一同が社員寮で共同生活をして、社員食堂で一緒に食事をして社員旅行に行く。飲み会も一緒となれば、次第に言葉が少なくても、要望を伝えられるようになってきます。

ただし、これが行き過ぎると、同じ集団で少しでも違う行動や考え方が許されなくなります。現代でも2006年ころにKY「あいつは空気が読めない」もしくは「空気読め」という言葉が広がりましたから覚えている人もいるでしょう。

しかし、大量生産の時代が終わり、作れば売れるという考え方が通用しない状況がやってきます。そうなると、全員が同じ考え方をするよりも、一人ひとりがユニークな考え方をして時代を乗り切らなければなりません。ユニークな家電をつくっていたシャープも液晶テレビを作れば作るだけ売れていた時代がありました。そのため、効率を重視してユニークさより売れ筋の液晶テレビに製品を絞ってしまったのです。やがて中韓といった新興国と価格競争に陥ってしまいます。今でこそ、復活の兆しの見えるシャープですが、あのときユニークな製品開発に立ち返っていれば、ホンハイに身売りすることもなかったでしょう。

新しい基準を作れ

デボノ先生がラテラルシンキングを提案した頃も、大量生産が通用しない時代でした。

時は先の東京オリンピック。進学祝いや就職祝いの定番といえば万年筆でした。

その頃の高級万年筆の代名詞といえば、パイロット万年筆（現パイロットコーポレーション）です。ところがモンブランやパーカーといった舶来品が参入してその地位を奪います。その一方で、安価な万年筆なら香港製が定番となってしまった。上と下からのサンドイッチの狭間で、品質や価格をいくらアピールしても一向に業績が好転せず、ついに経営不振に陥ります。

追い込まれたパイロットは起死回生を賭けた一策を講じます。高品質であるとか贈り物に最適というPRを一切やめてしまうのです。

ちょうど売り出し中だった新人タレントの大橋巨泉を起用し、なんとも不思議なCMを放映します。「みじかびの、きゃぷりきとれば、すぎちょびれ すぎかきすらの はっぱふみふみ エリートS」。万年筆としての説明は一切なく、わかるのは商品名が「エリートS」らしいということだけ。ナンセンスCMのハシリです。

消費者をバカにするなという声もあったそうですが、ユニークな「はっぱふみふみ」は流行語となり、万年筆の売上も急上昇。奇跡の復活を遂げたのです。

価格や性能は競争しやすい指標です。一方「はっぱふみふみ」には指標がありません。商品を同一指標内での競争から別次元にシフトさせたのです。現在でもパイロットは、消せるボールペンという、ボールペンを別次元にシフトさせた商品を生み出しています。

自動車の燃費競争

万年筆業界だけではありません。どの業界も比較競争の傾向にあります。自動車業界でも、指標として燃費競争が繰り広げられています。

ハイブリッドカーの登場で燃費競争に終止符を打つと思われていました。でも、まだまだ車体価格は高価で燃費で元が取れるかは微妙なところ。そのため、従来の自動車による燃費競争は終わりませんでした。

他社がリッターあたり33．1キロ走るのなら、当社は33．2キロという具合の競争です。よく考えれば30キロも走った後に100メートル程度しか違いはありません。燃費が競争の指標であれば、たとえ僅差であっても競争から降りられない。こうしたスペックの違いは明確に数値が違うので比較されやすい。

おかげで他の魅力よりも燃費にこだわってしまうのです。

スペック競争マラソンが終わらない

なぜ、このような考え方にこだわってしまうのでしょうか。

それこそ、人間の思考パターンのクセで、一度、スペック競争が始まってしまうと、そうした前提から抜け出せなくなるのです。

デボノ博士によると人間の脳は思考をパターン化することで、同じような事態に遭遇したときに素早く楽に対処できるようになったといいます。

思考のパターン化とは、バターの塊にスプーンでお湯を垂らすようなものです。お湯はバターを溶かして溝をつくります。

最初は何本か違う溝がつくられますが、何度もお湯を流すと溝の一本が深くなります。この溝を深くする行為が勉強なのです。専門家はパターン化に成功した人で、深い見識を得た代わりに専門家であるがゆえに容易にパターンから抜け出せないというのです。

つまり、思考のパターン化が固定概念というわけです。

こうして、スペック競争に巻き込まれてしまうと、他社よりも少しでも高スペックを目指すようになります。こういった、効率化はロジカルシンキングが適しています。

もちろん、スペック競争からブレイクスルーが生まれることもあります。本田技研工業の例を紹介しましょう。1970年代に米国の排ガス規制によって世界中の自動車会社が巻き込まれます。ホンダの自動車は世界に先駆けて排ガス規制をクリアしたCVCC方式のエンジンを開発してスペック競争を制します。それまでオートバイのイメージが強かったホンダはCVCCによって自動車会社として世界に躍進するきっかけとなりました。ホンダのようにブレイクスルーを起こせればいいのですが、多くは不毛な戦いに終わります。

なぜなら、現在の燃費競争は、普通の消費者には、違いがわかりません。業界関係者は大きな違いだと誇っても、一部のスペック重視の消費者を除いて違いがわからないのです。違いがわからないというより、30キロ走って100メートル程度の差なら、どうでもいいのです。ところが、業界関係者の目や、一部のスペックにうるさい人の声が、口コミにも影響するので無視できないのです。

前提を変えたレクサス

トヨタがレクサスブランドを立ち上げた理由は、スペック競争を排除したかったからです。レクサスは「おもてなし」を持ち込みました。レクサスでは「相手が望むことを予見し、かなえていく」をおもてなしの概念としています。

おもてなしは、人それぞれ感じ方が異なります。レクサスのお客様が望むことは、それこそ千差万別です。お客様の鈴木さんなら、鈴木さんの一挙一動を思い浮かべて、望むことを予見しなければなりません。

もし、佐藤さんなら、鈴木さんとは違う接客になります。これではマニュアル化をしようがない。こうしたスペックを超えた関係は恋愛にも似ています。なぜだか、説明はできないけれど付き合ってみると安らぐ、嬉しい、楽しいという関係です。

こうした、数値化できない「感じ方」は、ラテラルシンキングの出番です。

前提が変われば、未完成でも完成

まだまだ、前提が変わっている例があります。

いまの世の中は、インターネット全盛の時代。従来のモノづくりとは考え方を変えなければなりません。

インターネット時代の経験則としては8割程度の完成であれば、全体の作業時間のうち2割で作れます。最後の2割を完成させるためには8割の時間がかかってしまいます。

そこで、インターネットのアプリは、開発途中でも8割程度完成していれば、公開してしまいます。とりあえず使ってもらって、反響を見ながら完成に近づけていくという手法を取るのです。むしろ、未完成だからいいのです。

奇しくも日光の東照宮も、陽明門に逆柱といって未完成部分を残しています。完成したときから崩壊が始まるというのです。サグラダ・ファミリアにしても未完成だから話題になる。トドメに、宮沢賢治も「永久の未完成これ完成である」という言葉を残しています。

性急に完成させたとしても、前提は変わり続けますから、完成したものが設計当時と同じものとは限らないのです。つくっている間にズレてしまっては、本当に必要なものかどうかわからないのです。

だから、使ってもらって反響を確認しながら、こまめに修正を続ければ、ズレませんん。インターネットと違って実体のモノの場合は欠陥があれば不良品となってしまいます。最悪な場合はリコールということで回収して正常品と交換しなければなりません。

でも、インターネットなら、公開した後でもアップデートをかけられる。アップデート前提といっても決して欠陥品を売るということではなくて、主に使う機能だけは完成しているけれど、他の機能はおいおい充実させていけばいいという考え方です。

完璧を求めないどころか、完成品すら求めないという考え方は、ラテラルシンキングです。

前提が変われば、支払い方法も変わる

商品を買う時は一回払えば終わりという時代が変わりつつあります。複数に分けて支払う分割払いは今までもありました。ちなみに、最初の分割払いは、19世紀にアメリカの発明家サイラス・マコーミックが自分の発明した刈り取り機を貧しい農家にも買えるようにと考案しました。

そして、この分割払いを進化させた考え方が、現在のスマホ料金、実質ゼロ円という支払いです。

そう、新聞雑誌など定期購読誌で有名なサブスクリプションモデルと呼ぶ支払い方法です。

新製品のスマホは発売時にたくさん売れます。店としては一括して代金を払われるとその時には、儲けになりますが、儲かった分の税金も高い。そこで、消費者には何年にもわたって少しずつ使用料を支払ってもらいます。

一回支払ったら終わりというわけではないので、会社と消費者のつながりが切れません。会社は新規顧客を探す手間が省けます。それに、一度、契約してしま

えば、別の会社への乗り換えは面倒ですから、ずっと使われ続けられる。
携帯各社が別の会社に乗り換えられないように、長期契約者向けの特典が増えていくのはこうした理由です。

抽象化して使うラテラルシンキング

では、逆にラテラルシンキングを悪い方向で使ったら？

正直にいうと、実はこの内容は書こうかどうか迷いました。

ラテラルシンキングは法律も含めて常識という前提をいったん忘れる思考法です。それだけに、法を犯していなくても倫理的にどうなのかということも多々あるからです。

とはいえ、包丁も使い方によっては凶器にもなりますし、正しく使えば便利な料理道具です。そう思い直して、今回はあえて、悪いラテラルシンキングの使い方の例を紹介することにしました。皆さんには、これから出す事例を抽象化して、良い応用に活かしていただければと思います。

〔事例〕　バンクシーというグラフィティ・アーティストがいます。２０１８年10月にロンドンのオークションにかけられた絵が1億5千万円相当で落札されました。その瞬間に額縁に仕込まれたシュレッダーによって切られてしまいます。一体誰がこんなことをしたのか。

この額縁の仕掛の張本人こそバンクシーの仕業です。世界中で話題になりましたから、記憶している人もいるでしょう。バンクシーは仮の名前で、噂によれば英国ブリストル出身のロバート・デル・ナジャ、もしくは、ロビン・カニンガムらしいということまでで、本当のところはわかりません。

バンクシーの活動は公共施設にこっそり忍び込み緻密な落書きを施すことです。さらには、メトロポリタン美術館や大英博物館に勝手に自分の作品を展示してしまったこともあります。こうしたゲリラ芸術によって知名度が上がり、彼（彼女？）の絵はオークションでも高値で取引されるようになりました。なにしろ彼（彼女？）の絵を汚れと見なす人は片っ端から消してしまうので、皮肉なことに稀少な作品となっているのです。

このバンクシーの手法をラテラルシンキング流に抽象化して応用します。

バンクシーの手法その1「ウソ情報を流出させる」

情報というものは、絶対に漏らさないのは難しいものです。なんといっても、漏れた情報が実際に使われてしまったとき、はじめて漏れたことがわかるので、気付いたときにはもはや手遅れです。漏れても大丈夫なようにするための対策は、複数のウソ情報であるダミーも流布させておくこと。バンクシーの正体が謎に包まれているのは、いくつもの情報が錯綜しているからなのです。

情報が1つであれば、これだ！　とわかってしまうので、ダミーをいくつも流して、たとえ、情報が漏れてしまったとしても、どれが本物かわからなくしてしまうのです。

例えば銀行の預金通帳です。防犯の常識としては「預金通帳と印鑑は別に置く」です。常識はその通りなのですが、もし、空き巣が預金通帳を見つけたとすれば、次に、別に隠している印鑑を探すでしょう。探すついでに貴金属など別のお宝も盗まれてしまうかもしれません。

そこで、逆に不心得者をペテンに掛けます。いっそのこと預金通帳と印鑑を一緒に置いておけばどうでしょうか。

もちろん、通帳と一緒に置く印鑑は届け出とは別の印鑑。ダミーです。泥棒に目的を達成させてあげることで二次被害を防ぐのです。直ちに、銀行に通知すれば、一次被害もこうむらないで済むことは言うまでもありません。

バンクシーの手法その2「人が集まるところを狙う」

バンクシーの手法を応用すれば、新商品のPRにも使えます。いまや、商品PRは至難の業。たくさんの新製品があふれており、PRしようにもすぐに他の製品に埋もれてしまうからです。

バンクシーは公共施設に忍び込んでは絵を描きました。

これを応用します。例えば、新製品のお菓子のPR。こっそり忍び込む必要はありません。イベント会場などの人の集まる施設のゴミ箱に、ゴミ箱からあふれるくらい、新製品の空箱を捨てるのです（清掃員の方にはゴメンナサイ！）。とにかく人の集まるところで大量に空き箱を捨てます。

ゴミ箱に捨てられているということは誰かが食べた証拠ですから、興味をひくでしょう。施設の外ではそのお菓子の屋台を開いてお客さんを待ち構えます。

バンクシーの手法その3「勝手に自分の作品を展示」

新商品はメディアに取り上げてもらえるのなら幸運なのですけれど、そうそううまくはいきません。売れた実績がない商品は量販店では扱ってもらえません。量販店のバイヤーに面会を求めても同業他社が「門前市を成す」という状況です。それでは、バイヤーをパスして商品を並べてもらうにはどうすれば良いでしょうか？

もう、おわかりですね。

勝手に商品を展示してしまうのです。お客さんがレジに持って行けばしめたもの。バーコードが登録されていないわけで、どうしたってエラーになります。すると仕入れ先はどこだということになり、量販店のバイヤーの連絡を待つという目論見です。実際にレジに持ってきた「実績」があるのですから、バイヤーとしても無視できないでしょう。

さて、バンクシーのシュレッダーに刻まれた絵がどうなったかと言えば、落札主は落札したその値で買い取ったそうです。なにしろ、全世界にこれほどまでに知られた絵はないでしょう。

絵の価値だけではなく、エピソードという付加価値が加わっていますから、刻まれる前に比べて、遥かに資産価値は上がったことでしょう。

……バンクシーの手法はこれくらいにしましょう。

まだまだ、別の手段もあります。

よその手法をパクって、いや、抽象化して使うのです。

次の例も、あなた流に抽象化さえできれば、これから問題にぶつかったときの解決に役立てられますよ。

返品ＯＫを超長期間にする

通販会社では、はじめてのお客様に限りお試しで商品を半額で提供するというサービスがあります。ただし、一家族に限り3個までとさせていただきますと言うのです。つまり、一家族に3個注文してもらいたいのです。3個までと言われると3個注文する確率が増えます。人間心理として限定には弱いものですから。

そして、たとえ半額でも3個分の金額なら赤字にならないように原価をコントロールすれば、利益がでます。そして、注文時点で自動引落の手続きをして、そのまま定期購入の手続きとしてしまうのです。定期購入が不要の場合は、同封のはがきに切手を貼って、定期購入不要にチェックして、キャンセルする住所と氏名を書いて期限までに送り返してもらいます。

そうすれば、住所を書く手間、切手を買いに行く手間、送り返す手間、解約にはなにかと面倒な手続きの連続です。諦めてくれればシメたもの。ズルズルと支払いつづけてもらえるでしょう。

通販だけではありません。ウェブのサービスも解約するために、いくつもの質問攻めにして、解約するまでの手続きを複雑にするテクニックもあります。

手続きが面倒だというのは、ホント、姑息なやり方ですね。いずれは解約されるでしょうけど……。

もっと、妥当なやり方を紹介しましょう。

購入して1週間や30日以内に返品と返金を受けるという会社があります。通販会社などがそうしたサービスを提供するのでご存知のかたも多いでしょう。

これを、常識破りに120日などに延長します。30日を遥かに超えても返品を受け付けるのです。

そんな長い間も使われて、返金したらタダで使われてしまう。元が取れるのか？と、いぶかしがる人もいるでしょう。ええ、その疑問はもっともですね。

従来の返品期間であれば、購入した後に利用するだけ利用して30日以内で返してしまおうという不心得者もいるかもしれません。おっと、こちらがそうした条件を提示しているので不心得者と言ってしまうのは失礼でしたね。

いずれにせよ、30日だと返品の日付は覚えているのです。

これが120日もあれば、期限いっぱいじっくり使ってやろうと思うでしょう。

それはそれで、じっくり使えば愛着が湧きます。それなら、返品されることはなさそうです。

120日に延ばすもう1つの理由があります。それは、もし、消費者が使っていない場合でも、しまってしまうだろうということです。期限が長いので、商品を買ったこと、それ自体を忘れてしまう。これが狙いです。気が付いたときには返品期限を超えてしまっているので、めでたくお買い上げ確定となります。

世界のセレブとお友達になる方法

日本では、お金があっても使い道が限られています。銀行に預けているだけで使わなければ、お金を持っていないことと同じでしょう。だから、お金持ちになったら、お金を使いたいのです。でも日本では、大豪邸に住んで高級車に乗る、せいぜい、その程度です。

いくら高級車に乗ろうとも一般庶民と同じ道路を走ります。渋滞に巻き込まれても、じっと我慢しなければなりません。お金持ちだけが持てる豪華なスマホなどもありませんし、お金持ちしか観られないTV番組もありません。

結局、人生を何回も繰り返しできるくらいの大金をもっていたとしても、一般庶民と同じようなことしかできないのです。せいぜいプライベートジェットで海外旅行に行って、5つ星ホテルの最高級の部屋に泊まるくらい。それでもホテルのベッドはいくつあっても、1つのベッドにしか寝られません。

ホテルの高級料理を前にしても何人分も食べられません。それに、高級料理だとしても、味にそれほど違いはないでしょう。年末年始に芸能人格付けチェックというTV番組ありますよね、本物か偽物かを当てる企画。美味しいものを食べ尽くしているはずの芸能人でも当てるのは難しそうです。そもそも、高級だろうが安かろうが美味しいものは、美味しい。そうした美食にしても、何人前も食べられないことには変わりありません。

お金がほしいという人は多いのですが、いざ、お金を使う段階になると使い道に困るのです。

では、お金持ちは、持て余るお金をどうしているのか。

もし、一般庶民と違う体験をしたいのなら、海外のセレブとお友達になるのです。これなら、一般庶民とは違う体験になりますし、海外セレブならではのお金の使い道を教えてくれるでしょう。

では、具体的にどうすれば海外セレブとお友達になれるのか。大豪邸に住んでも高級車に乗っても、派手に遊んでいるだけでは、お友達にはなれません。

海外セレブとお友達になるには、映画をプロデュースします。映画が完成したら、国際映画祭に出品します。上映に先立って舞台挨拶がつきものです。この舞台挨拶が狙いです。映画祭ですから観客はプロデューサーに監督に俳優や女優ですよね。

まさに、世界のセレブと知り合うチャンス。たとえ、映画賞をとれなくても、映画祭は名前を売ることができる絶好の場なのです。

映画に限らず、オークションで美術品を高額落札しても、世界中のセレブから「誰だ？　あの人は」と注目されるでしょう。

セレブと友達になれば、影響力が大きいわけです。なにか新事業を立ち上げるなら、苦労することなくセレブの口コミで世界中にもＰＲできるわけです。

これからは、お金持ちが美術品を落札して無駄遣いしているなぁというニュースを見たら、考えてください。バカみたいだと思っても、バカみたいなことだからこそ注目される。もしかしたら、本当の目的は世界中に名前を売ろうとしていることではと気付くようになります。

儲かり社長を集めるテクニック

最後に、儲かり社長を集めるテクニックを紹介しましょう。

創業社長は自己顕示欲が強い人が多くいます。この心理を手玉に取るのです。まず、儲かり社長を紹介するメディアをご存知でしょうか。こうしたメディアは、お金さえ出せば名の知られている芸能人とのインタビュー記事を載せられます。こうした商売をしている雑誌やウェブをラテラルシンキング流に抽象化します。

儲かり社長のためにメディアをつくりますが、従来と違うところは、無料で雑誌やウェブに紹介するのです。無料なら最初に断られずに、敷居がグンと低いでしょう。

ただし、条件を付けます。3年以上、黒字を続けている創業社長だけを「すごい社長」として紹介するのです。タダで紹介するのですから、これくらいの条件はクリアしてもらいます。

そして、同じく3年以上、黒字を続けている2人の創業社長の推薦を条件とします。もし、3人同時に入会するのであれば、例外的に認めましょう。こうして、支払いは低い敷居、掲載は高い敷居にする。そうなれば創業者であればこそ、意地でも掲載されたいと思います。

メディアに掲載したら次にはTV番組に誘います。TV出演の依頼は創業社長ならではの心をくすぐられます。成功者の証のようなものだから、口ではなんのかの言っても、その実テレビには出たい。申し込んできたところで、無料の収録分はすぐに募集を締め切ります。

番組制作は時間がかかるので、順番待ちという理由です。正当な理由ですよね。もし、収録の順番を繰り上げたければスポンサーとして参加してもらうのです。短気な社長なら、スポンサーになっても自分の番組をつくりたくなります。もっと、お金を出すという社長には、社長自身に番組のコメンテーターになってもらいましょう。これなら、ずっとテレビに出演し続けられます。

他にも社長を主人公としたマンガやドラマも有料で制作するサービスを提供します。

すごい数の社長が集まってきたら、儲かり社長倶楽部（仮名）をつくります。ええ、名前はソレらしければ何でもいいのです。会費はかかりますが黒字会社を経営しているのですから、倶楽部会費は税金対策にもなりますよと誘います。

次には高級車や金融商品、投資不動産物件をこれも税金対策と紹介する。こうして、徐々に小さなステップを登るように、いろいろなサービスを有料化したり売ったりしていくのです。

ここで紹介した思考法は〝悪〟のラテラルシンキングです。空き巣をペテンに掛ければ逆恨みされますし、勝手に商品を展示すれば営業妨害になります。でも、読者の皆様は、サスペンスドラマを観ても本当に犯罪は起こしませんよね。

逆に、こうした手口を知っておけば、自分自身の身を守れるのです。

抽象化するとAKB48と『笑点』は同じ?

AKB48は、ご存じの通りアイドルグループですね。でも、従来のアイドルとはちょっと違う仕組みを採用しています。

アイドルといえば、事務所は莫大なお金をかけてプロモーションをします。ところが、アイドルには大きな問題が。とりわけ女性アイドルは年齢が大事。売り出しに時間がかかりすぎてしまってアイドルが母親くらいの年齢になってしまうと……。他にも、メンバーが移籍したり、結婚したりしてしまうかもしれません。せっかくお金をかけてプロモートしたのに、これからという時に解散してしまえば、事務所にとっては大問題です。いったい、どうすればいいでしょう？

この解決策はテレビ番組の『笑点』にありました。日本で知らない人はいないであろう長寿番組の『笑点』です。では、『笑点』が長寿番組でいられるのにはどんな秘密があるのでしょうか？

秘密は「メンバーが抜けたら別のメンバーが抜擢される」ということです。これなら解散せずとも継続できます。この仕組みをアイドルグループに当てはめればどうでしょう。メンバーが抜けることを〝卒業〟と命名すれば、後ろ向きのイメージも払拭できます。

懸念は落語家と違って、経験のないメンバーをいきなり第一線には抜擢できないこと。そこで、ステージに立てるまで研究生としてレッスンします。これがAKB48の仕組みです。メンバーの固定制をやめて昇格と卒業を繰り返すことで、『笑点』のように長寿になれるかもしれません。

たとえ話は抽象化スキルの1つ

抽象化とは、物事の本質を取り出して別の物事に当てはめるスキルです。本質というと難しそうに感じますけれど、両方の「共通点」だと考えてください。「この人はたとえ話がうまいなぁ！」と思ったらその人は間違いなく抽象化の達人です。物事の共通点をよくとらえて、聞き手が知っている別の事柄に置き換えられるからです。

『笑点』名物の大喜利の謎解きも抽象化を使っています。謎解きは対象同士が遠ければ遠いほど抽象化の度合いも高く、意外な共通点、オチに興味を惹かれます。

例えば、こんな謎解き、いかがでしょう。

ベンチャービジネスとかけて、梅干しと解く。

その心は……

どちらもスッパイが付きものです。

……お後がよろしいようで。

抽象化をビジネスに使えば

抽象化は空撮画像を読み解くことにもよく似ています。最近はグーグルマップなどで手軽に空撮画像を見ることができるようになってきました。空撮画像に見慣れてくると空港や漁港に繁華街、住宅地と田畑などなど、それぞれ地形の違いがパッと見ただけでわかるようになってきます。ここではビジネス視点、「もしも、あなたがマンションデベロッパーだったら」という妄想で空撮を見てみましょう。

以前に大きな儲けにつながった地形と、よく似た地形が見えてきました。とりわけ湾岸はベイエリアなどと呼ばれて人気です。大型ショッピングモールとタワーマンションをつくれば高値で売れそうです。なのに、なにも建っていない。

そこで疑問に思います。では、なぜ、いままで他のマンションデベロッパーは手を付けていないのか？

地形をよく見れば、市街地とベイエリアが川で分断されているではありませんか。近くには橋もありません。だから、他のデベロッパーは手を出していないのですね。

でも、ラテラルシンキングの心得のあるあなたでしたら、絶好の好機だと気が付きます。橋さえあれば、儲けられる商業地と同じ地形なのですから。

そこで、あらかじめショッピングモールとマンション用地を安く手に入れます。その後、橋をつくればいいのです。一帯の不動産価値はぐっと上がるでしょう。他のデベロッパーの悔しがる顔が目に浮かぶようです。

鎌倉山が高級別荘地になった理由は抽象化

現実は、そんなにうまくいきっこない？　そんなことはありません。実例があります。鎌倉山が高級住宅地になった由来を紹介しましょう。昭和初期に菅原通済（すがわら つうさい）という実業家が使った抽象化です。

通済は、ドイツの貿易商クルト・マイスナーから鎌倉は景観がよいという話を耳にします。マイスナーは世界のあちこちを旅しているでしょうから、鎌倉はグローバルに通用する景勝地だというお墨付きをもらったことに。そこで通済はこの地を鎌倉山と名付け別荘地として売り出しました。

ただし、1つだけ問題が。交通の便が悪いのです。もし、道路さえ整備できればにぎわうでしょう。そこで、道路会社を株主にして、お金持ちに優先分譲しようと考えました。しかも、５００坪以上の購入が条件。それでもお金を持っている人は持っているものです。逆に言えば、買えない人は来ないでほしい。

強気の価格にもかかわらず、政財界の重鎮が競って土地を買い求めました。その結果、道路も整備され、鎌倉山といえば現在でも高級別荘地の代名詞となったのです。

ラテラルシンキングなら、日常のたった1割で人生が変わる？

ええ？　たった1割だけラテラルシンキングを使えば、人生が変わる？　そんなわけないだろ！　と思ったあなた。

いいえ、たったの1割の変化だけで、大きな効果を上げるのがラテラルシンキングなのです。ラテラルシンキングなら、今まであなたが身に付けてきたスキルも、一気にパワーアップさせます。企画能力に問題解決能力、交渉能力も一気に変わります。

なにしろ、ラテラルシンキングは、考え方の根本を変えてしまうのです。たとえてみれば、スマホのＯＳアップデートみたいなものです。

たったの1割なら、試してみても損はありませんよね。

現在はいろいろな思考法がありますが、他の思考法に言及すると話がややこしくなります。

そのため、ここではシンプルに日常はロジカルシンキング９割、ラテラルシンキング１割としてお話しします。

このくらいの比率がちょうどよいバランスなのです。まあ、ラテラルシンキングは自動車のバックギアのようなものだと考えてください。普通に道路を走っている限りバックギアがなくても困りません。ところが、駐車場に入った途端にバックギアがないと不便なことがわかります。

東京から札幌へ……え？　飛行機が欠航？　あなたなら、どうする？

わたしの体験談をご紹介します。

私は企業向け研修が主な仕事ですので、全国に出張します。ある冬の日、午前中に東京での仕事を終え、翌日の研修に向けて午後一番の飛行機で札幌へ飛ぶことになっていました。

ところが羽田空港に到着したとき、朝からの雪の影響で札幌便が欠航になっているのです。

しかたなく研修を中止か延期にしてもらうか……と担当者に連絡する前に、ふと、電光掲示板を見たら、関西空港便は運行している！

ここで、ラテラルシンキングを1割使います。まだ関西空港便があるのなら逆方向でも飛行機を乗り継ぎしたら？　というアイデアです。結局のところ、東京↓大阪↓札幌という乗り継ぎで現地に到着でき、この手を打ったことで研修キャンセルの損害より安く済みました。ロジカルシンキングであれば、9割がた中止か延期でした。

バックギアではありませんが、いったん逆方向に進むことで道が開けたのです。

……この例だけですと、どうも自慢話っぽくなってしまうので、逆の発想で世の中の常識の9割を変えた話をしましょう。

常識の9割を変えた小売店

1920年代、マイケル・J・カレンは、ニューヨークで昔ながらの対面方式で食品や雑貨を売る「クローガー」という店で働いていました。コーナーごとに店員が張り付き注文を受けるとその場で会計をする方式です。

しかし、あるときカレンは、逆の方式、つまり客が自由に商品を選んで最後にレジで会計するというセルフサービスのアイデアを思いつきます。コーナーごとの店員をレジと品出しのみに絞り人件費を削減。大量仕入れ、低価格、現金払い、配達なし、お持ち帰りという現在では当たり前のスタイルのスーパーです。

ところが経営陣はカレンのアイデアには見向きもしません。なにしろ世の中の常識の9割は対面販売ですから、ムリもありません。自分のアイデアに絶対の自信があったカレンは店を辞めて1930年8月4日、全米初のスーパーマーケット「キング・カレン」を開店します。

現在に至っても45店舗を展開するカレンのアイデアにどれくらいの影響力があったかは、現在世界中にスーパーマーケット方式があふれているところを見れば説明は不要でしょう。

セレンディピティのもとはこじつけ

いわゆる「逆転の発想」は成功すると華々しく見えますよね。実はこの逆転の発想は誰にでもできます。ただし、コツを知っているかどうかで違います。そのコツとは、セレンディピティを活かすことです。

セレンディピティとは、何かを探している時に偶然に別の価値あるものを見つけること。簡単に言えば、偶然を偶然としてスルーしないことです。なぜ、スルーしてしまうかと言えば、自分には関係ないという思い込みがあるからです。だからセレンディピティを得たいならその思い込みを取り払って、偶然であれ常に自分が抱えている問題に関連させ、何でもかんでもこじつけてしまうことです。

他人から「それ違うよ」とか、「単なる思い込みじゃない？」と言われても気にしない。むしろ他人が「それ違うでしょ！」と言ったらラッキーです。「それは素晴らしい」と言われた発想は、誰かが見つけてしまうかもしれませんから。

もう1つのもと「トラブル」

セレンディピティはそうした「こじつけ」があってこそ発揮されます。常識は空気みたいなものなので、普段は疑いもしませんし、そこに何かをこじつけようとも思いません。この壁を破った天才の逸話を紹介しましょう。

ニュートンはリンゴが落ちるところを見て重力を発見しました。有名なこの話、より詳しくは、たまたま落ちたリンゴがあった、その空間に重ねて、遙か遠くに月が浮いていたものですから、ニュートンは「月は落ちないのに、リンゴが落ちたのはなぜか？」と考えたというのです。

地上のリンゴも天体の月も同じ方程式でくくれるかもしれないという閃き。それは「天体は神様の世界のもの」が常識の時代に、地上の法則を持ち込むという、大胆な発想の転換でした。セレンディピティとは、こうしたこじつけで、まったくかまわないのです。

ニュートンのように何でもない日常からセレンディピティを使えるのは一部の天才だけです。では、普通の人がセレンディピティを使うためには、いったい何をきっかけにすればいいのでしょうか。

その、きっかけとは、トラブルです。

意外でしたか？　確かに、トラブルというとマイナスのイメージがありますよね。でも、幸か不幸かセレンディピティはトラブルによって、生まれます。逆に言えば、順調な人であればあるほどセレンディピティから遠ざかります。むしろ、ピンチに陥ればセレンディピティが助けてくれるのです。ピンチを活かすという発想、ピンチはチャンスという言葉を実践すればいいのです。

セレンディピティを活かして上場企業に

セレンディピティと言えば、この人を紹介しなければなりません。安田隆夫氏。ドン・キホーテの創業者です。

安田氏は29歳の時に勤めていた会社が倒産してしまったため、質流れ品や倒産処分品を買ってきて売るバッタ屋、今で言うディスカウントストアの走りの店を開業します。その際、店先に出す看板には4文字しか入れられないという理由で、お店を「泥棒市場」とネーミングしました。

人を雇うにもお金がないものですから、1人で仕入れて商品を陳列します。手間をかけられないため、商品が入荷した時の段ボール箱に穴を開けて中身を見えるようにして、手書きのPOPを貼り付けた。これなら陳列棚も不要ですからね。

作業は深夜におよぶこともしばしば。当時は夜遅くまで開いている店はほとんどありませんから、明かりがついている店を開店していると勘違いした客がやってくる。店内は手が回らないため段ボール陳列が、ジャングルのような迷路状態に。

しかも何がどこに置いてあるのかすら、わからない。まるで宝探しのよう。当時の若者たちにとって、夜遊びのドライブがてらに探検できる絶好のお店になったのです。

この例には、マーケティングで言うところの対象を絞り、コンセプトを明確にして……というセオリーは一切ありません。もし、勤め先が倒産しなかったら？安田氏にそこそこお金があって従業員を雇えて、深夜にまで作業がおよばなかったら？　段ボールから取り出してキチンと陳列していたら。来客があっても閉店時間だからと断っていたら？　……つまり、ドン・キホーテはセレンディピティを活かせばこそ上場企業になり得たのです。

偶然を偶然としてスルーせずに、誰もやったことのないことに挑戦すれば得られる魚も大きいわけです。すでに存在するものを真似した場合、失敗の確率は減りますが、その分、大きな魚をとらえるのは難しいということでしょうね。

ラテラルシンキングのコツ

ラテラルシンキングは誰の目にも明らかな手法にしてしまうと、それ自体が前提となってしまうという矛盾を抱えています。そのため、明確にこういった理由でという方法論を語れません。

これは、前の章でもたびたびお話ししていますね。つまり、昔の親方の背中を見てワザを盗めの世界です。ワザを盗む過程で、いろいろと考えて工夫をするので違った伝わり方をする。この違いが時代のズレをよい塩梅に補正するのでしょう。

とはいえ、ラテラルシンキングを身に付けるのに、誰かの背中を見てワザを盗むわけにには行かないのも事実。

こういった、ふわふわとした感覚でも何となく伝わる人はすでに、ラテラルシンキングを使っています。逆にふわふわを好まない人、こうした解釈だとムカつく人はロジカルシンキングが得意でしょう。まぁ、ふわふわばかりを言ってられませんから、3つのコツとして紹介します。

あくまでも、コツであってメソッドでもフレームワークといったかっちりしたものではありません。ここまでご紹介してきた、そのコツとは、

・前提を疑う。
・抽象化する。
・セレンディピティを利用する。

このたった3つです。

制約はあったほうがいい

会社で企業研修をすると、受講者からラテラルシンキングはウチの会社ではムリという意見が出ます。「先生はそう言うが、会社では制約が多くてできない。もっと自由ならいいのに」――研修に限らず、よく聞く言葉ですよね。

でも、実際は逆です。実は、制約があったほうが自由な発想が出やすいものなのです。制約は前にお話しした「セレンディピティ」を発揮できるチャンスでもあるのです。

せっかくなので特別に、私が普段ラテラルシンキングの研修で実施している「自由と制約」演習を紹介します。何をするかというと、作文です。

この演習は受講者に「自由」と「制約」あるいは「制限」の違いを体験してもらうことが目的ですが、事前の説明ではそのことを明確にしません。「とりあえずやってみてください」とだけ言って始めます。

演習ではまず、教室をAとBの2つのグループに分けます。そして双方に秘密の指令メモを渡す。Aグループには明確な指令を与えます。例えば、「今日ここに来るまでに気付いたことを書いてください」とし、Bグループには「何でも好きなことを自由に書いてください」と指令を与える。両グループとも、制限時間は10分。10分で400字詰めの原稿用紙をなるべく多く埋めてもらうんです。

すると、Aグループは指令を渡された途端に書き始めます。すごい勢いです。一方でBグループは苦労します。「自由に書いてください」と言われると詰まるのです。お題という制限があったほうが楽なんですね。これ、今までに100以上の企業で実施していますが、いずれも同じ結果になります。

制約は何によってつくられるか

作文とは、言ってしまえば、思ったことを書くだけの作業です。文章の上手い下手は別にして、すごく簡単な作業に思えますが、あえてプロセスを〝ロジカル〟に分解すると、次のようになります。

STEP1．テーマの選定
STEP2．テーマの材料（エピソード）を思い出す

STEP3. テーマに合致した材料を取捨選択
STEP4. テーマの深掘り（何を言いたいのか）
STEP5. 結論に向けて材料を組み立てる
STEP6. 文章化

意識しているしていないにかかわらず、作文にはこれだけのプロセスを要します。そこであらかじめテーマが与えられていると、STEP1を省略できるわけです。

しかも、このSTEP1をさらに分解すれば、そもそもテーマの選定がとても面倒な作業だったことがわかります。自由に書いてくださいと言われた場合には、次のような妥当性を判断しなければなりません。

・なぜ、このテーマを選んだのか？（テーマの選定で笑われて恥をかかないだろうか）
・「時代」に合っているか？（古いと言われないだろうか、夢みたいだと言われないか）
・そもそもこの研修のテーマにふさわしいか？（ピントが外れていると思われな

いだろうか）

これ、よく見ると、テーマの選定に悩んでいるというよりは、周りから自分がどう見られているかを気にしていますね。つまり、私たちが「制約」があってできないと言う時は、責任の所在を深層意識の中で「制限」あるいは「制約」としてコントロールしようとしているのかもしれません。

いわば「制限」とは、自分自身がつくり出している言い訳なのです。

制約を逆手にとった例

これらを踏まえたうえで、制約を逆手にとった事例を紹介します。

石川県羽咋（はくい）市の職員だった高野誠鮮（たかのじょうせん）氏は、限界集落を再生させる特命を受けました。年間予算はわずか60万円。宣伝などしようがありません。高野氏が来る前、その集落では何百回も会議をしていました。でも、会議をするだけでは何も起きません。

高野氏は直接行動に移りました。「米を売ろう」というのです。ただし、過疎地の棚田でつくれる米の量は限られている。そこでまずは知名度を上げようと、神子原（みこはら）集落でとれる「神子原米（みこはらまい）」という名前から連想して、ローマ法王に米を献上することを思いつきます。

しかも、役所の人らしく外務省に頼んで……という通常の手順を踏まず、直接バチカンに手紙を書きました。すると数ヶ月後、国の外交やら慣例やらを全部飛び越して、大使館経由で献上の許可が出ます。通常の手順はあくまで慣例で、同じ手順を踏まなくてはならないというのは思い込みであったということなのです。

高野氏の思惑通り、神子原米はローマ法王御用達ということでニュースになり、注文が舞い込むようになりました。ところが、高野氏は注文を受け付けません。「たった今売り切れてしまいました。もしかしたらデパートにあるかもしれません」と言って注文を断ってしまいます。

もちろん、デパートに営業なんかかけていません。注文を受けたデパートが慌てて高野氏に問い合わせます。高野氏はこう考えていました――「最初にデパートにアプローチしても、実績がなければ扱わないだろう。でも、実際に問い合わせがあって売れたのなら、デパート側から継続的に注文されるはずだ」。この戦略が当たり、神子原米は日本有数の高級米として大成功を収めました。

売ること自体はいくら自由でも、流通を確保しなければ商品は売れない。これが「制約」です。高野氏は「流通がない」という制約を逆手に取り、上手く利用したのです。

常識を超えた考え方ができたか確認する方法

提案をしたときに、バカバカしいと笑われたら、それは常識を超えてるアイデアなのです。

「まず最初にバカバカしいと思わないアイデアについては、そのアイデアには望みがない」これはアインシュタインの言葉です。

はじめて披露したときにバカバカしいと笑われるようでなければ、そのアイデアには新規性はないということです。それに、荒唐無稽な発想であればあるほど誰も真似しようとは思いません。

第3章 まとめ

前提を疑うには、自分自身で新たな基準を作ってしまう。

スペック競争から逃れるには数値化できない世界にいく。

ラテラルシンキングはあらゆる論理や規則から自由に発想するから騙しに使われることもある。

抽象化することで、本質を別のものに置き換えられる。

ラテラルシンキングは日常の1割程度しか使わないが、転換期には強力な考え方になる

セレンディピティは日頃から鍛錬で活かすことができる。

むしろバカバカしいと笑われるアイデアにこそ新規性がある。

第4章
ラテラルシンキングの思考方法

ラテラルシンキングの使い方と練習方法

ここまでで、ラテラルシンキングについて「なんとなく」わかっていただけましたでしょうか？

え？　モヤモヤしている？　ああ、そうですよね。

ごめんなさい。実はモヤモヤは想定通りなのです。

これは、あくまで私の持論ですけれど、モヤモヤしている状態だからこそ、人間は頭を使うのではないでしょうか。

例えば、学生に限らず社会人も受験することがありますよね。その時のことを思い出してください。試験に出た問題って、答えられたわかった問題は忘れてしまうのに、わからない問題を覚えていませんか？

受験とまでは行かなくとも、テレビのクイズ番組で、答えはＣＭのあとでとか肝心の映像にモザイクが掛かって見えないという引き伸ばし演出をします。

スッキリとわかってしまうと、チャンネルを変えられてしまうのですね。それで、モヤモヤさせる演出が多いのでしょう。

旧ソ連の心理学者ブルーマ・ツァイガルニックは「未完了課題についての記憶は完成した課題と比べて想起しやすい」という実験をしました。

想起とは、思い出しやすいという意味。ひらたく言うと、よくわからないことは、心に引っかかるということです。

スッキリしてしまうと忘れてしまう。つまり、そこで頭を使わなくなります。だから、ラテラルシンキングの理解は「なんとなく」でかまわないのです。

いつも、心に引っかかっていればこそラテラルシンキングを使う場面が訪れたら、すぐに使えるからです。

それに、モヤモヤということは、型にはまることがありません。ラテラルシンキングの型にはまらない考え方にこだわると、逆に「型にはまらないという型」に、はまってしまうのです。だからモヤモヤしていてもいいのです。いや、むしろモヤモヤだからいいのです。

とはいえ、ずっとモヤモヤしていると読者は不満でしょう。

ということでホンのちょびっとだけスッキリしてもらいましょう。

そこで、日常で使うラテラルシンキングの使い方について、ロジカルに解説します。

日常的にラテラルシンキングを使うための4つの段取り

ラテラルシンキングに慣れている人は、無意識に幾通りもの可能性を導きだします。

これは誰もが最初からできるわけではありません。そこで、無意識の言語化をします。

何度もしつこいですけれど、本来、このような段取りは、枠（思考フレーム）を壊すはずのラテラルシンキングに枠をつくることになりますので、自己矛盾になってしまいます。

ですがここは、開き直ります。日常に応用するコツを摑むまで、あくまでも自転車の補助輪のようなものと思ってください。

さっそく、例を挙げてロジカルに段取りを説明しましょう。

日常のラテラルシンキング４つの段取り
1. 不満に気付く
2. なぜ？
3. ならば……
4. どうやって？

1. 不満に気付く
日常にラテラルシンキングを活かす「きっかけ」は不満です。実を言うと日頃からブウブウと不満をたれている人こそ、きっかけを発見する達人だったりします。

普段から些細なことに気が付くコツを掴んでいる人とも言えるからです。

本題に入りましょう。

私は、コンタクトレンズを使っています。コンタクトは1日の終わりに洗面所で洗浄液に浸します。そんなあるとき、洗浄液のキャップを落としました。キャップはコロコロと排水口に。コンタクトを使っている人なら〝あるある〟でしょう。ピンセットを引っ張り出してきてなんとか回収しましたが、再び落とすかも。

この不便さに対する不満が「きっかけ」です。

普段の人は、ここで不満を口にするだけでスッキリして忘れてしまうのですが、ここで止めません。

では、落とさないようにするには？　を考えるのです。


慎重に作業してキャップを落とさないようにする？　いやいや、そもそも慎重に作業しているはずですよね。

慎重に慎重を重ねて……では答えになっていません。

対策には、多視点を使います。

多視点とは、いろいろな角度から物事を見ることです。

具体的には、「なぜ？」を2つ以上、見つけます。

2．なぜ？

「なぜ？」は理想通りになっていない状況を明確にする言葉です。

なぜ、排水口にキャップが落ちるのか？　という感じで自分自身が口にした言葉に耳を傾けます。

「なぜ」が明確になると、なぜ「排水口」があるのだろうと、なぜ「キャップ」があるのだろうという２つの要因に思い当たります。

3．ならば……

「ならば」は、理想の状況を明確にする言葉です。なぜで、見つけた要因が２つありますから、２つ以上組み合わせで「ならば」が思い当たるはずです。

・ならば、排水口がなければいい。
・ならば、キャップを取り外さなければいい。
・ならば、キャップが分離しなければいい。
　というように考えます。

4．どうやって？

「どうやって」は、具体策を発想する言葉です。ここで存分に発想を広げます。

●どうやって、「排水口」をなくすの？

・排水口を変えたら？

あらかじめ排水口にフタをしてから作業する。排水を捨てるのであれば、網状のフタカバーでふさげばいい。

・場所を変えたら？

発展させて、排水口がないところに行く。洗面所ではなくて、排水口のないダイニングテーブルで作業する。結局のところ、排水口がなければキャップは落ちません。

・手順を変えたら？

キャップを追いかけるのではなくて、キャップを落とした瞬間に先回りして排水口を手でふさぐ。

●どうやって、「キャップ」を外さなくていいようにするの？
・キャップのない洗浄液ブランドに変えたら？

使い捨て洗浄液か、キャップが落ちない構造の製品を探す。あるいは、使い捨てコンタクトレンズにする。洗浄しないのなら、洗浄液のキャップは不要。

以上、排水口とキャップの要因2つから解決の具体策を導くまでのプロセスを紹介しました。

ここで終わりではありません。さらに、ラテラルシンキングでは、ここからの発想をします。

そう、「いま、考えた」前提を疑うのです。

再度、1にさかのぼって2周めをスタートさせます。

すると、今度は、コンタクトレンズの不便さに気が付きます。

なぜ、コンタクトレンズを使うの？

ならば……そもそも、コンタクトレンズを使わなければいい。

どうやって？　コンタクトを廃止してメガネをかける。近眼治療法のレーシックにチャレンジする。

これをずっと繰り返します。少なくとも5周は繰り返します。そうすると、まだだ出てきますけれど、紙面の都合上ここまでにしましょう。

もちろん、ラテラルシンキングですから、唯一の答えなどありはしません。

このようにいろいろな角度から、いくつ方法を見つけられるか。これがラテラルシンキングです。たくさん方法を考えてから、ロジカルシンキングで選択肢を絞るのです。

ちなみに、私はキャップを落とした瞬間に排水口に先回りを採用しています。これなら、待っているだけで必ずキャップをキャッチできます。

さらに、ラテラルシンキング3つのコツ練習方法

ここでは、第3章の事例でお話ししてきた、ラテラルシンキング3つのコツの練習方法の前に、もう少しだけ解説させてください。

3つのコツ。しつこいですけれど、覚えてくれましたか？

1．前提を疑う
2．抽象化
3．セレンディピティ
です。

それぞれは切り離せるわけではなくて、時には3つとも重なり合うこともあります。技術をマスターするというより、なんとなく、そんな心得だと思ってください。

1．前提を疑う

そのやり方は正しいのか？ 今はそうだとしても将来もそうなのか。

よく、新しいことを提案する人は「わか者」「ばか者」「よそ者」といわれます。これらの人の共通点は、そもそも社会常識を知らない、もしくは、わからないから、前提に囚われずに自由な発想ができるという点です。自由な発想は最初に常識や前提を素直に疑います。そういうものだとして片付けてしまわず、幼児が見るもの聞くものになぜなぜと質問する素直さで挑みます。

2．抽象化

それは、何をするものなのか。そもそもどうなっていればいいのか。

抽象化ができるようになれば、ものの本質というか骨格を見抜けるようになります。骨格さえわかれば、外にかぶせるものを変えていくつものバリエーションを生み出すことができます。

新潟県三条市のアーネスト株式会社は、ざるそばに乗せる刻み海苔を一気に作れる5枚刃のはさみを製造していました。このハサミに「秘密を守りきります」という名称をつけたら、ヒット商品に。シュレッダーハサミの誕生です。この例では「細く切る」が本質です。

昔から日本人はこの抽象化が得意です。抽象化を別の言葉で言い換えれば見立てです。落語の扇子を箸に見立てて架空のうどんを食べる仕草や庭の砂を川に見立てる枯山水も抽象化の一例です。

3．セレンディピティ

偶然を偶然として無視せずに、何かに使えるはずだと自分自身の仕事に当てはめる。

澤泉重一氏は著書『偶然からモノを見つけだす能力――「セレンディピティ」の活かし方』でセレンディピティを「偶察力」と訳しています。見事な造語だと思います。

単純に、偶然に何かを見つけ出す幸運を指すのではなく、偶然をきっかけに注意深く観察し、何かの閃きを得て、新たなアイデアや問題解決の糸口を見つけられるというのです。

こういうと、難しそうに聞こえます。でも、ゲームでは、いつもやっていることです。トランプを例に取れば、手札を元に勝つための手段を考えます。これは、セレンディピティを活かそうとしていることに、ほかなりません。

前提を疑うには

わたしは、仕事柄、さまざまな会社で研修を実施します。延べで1000社近く訪問して、受講者の質問を受けて、会社の問題点を聞き出します。その結果気が付いたことは、会社ごとに、実に、さまざまな常識があるということです。

それもそのはずで、人が１００人集まれば１００通りのスタイル、考え方があってもおかしくありません。

ところが、その会社に勤めている人は、会社の前提や常識を疑いたくとも、会社内部の常識を日常として見慣れてしまい、改めて気付くことはなかなかありません。

だいいち、いちいち疑っていたら神経が持ちません。

でも、大丈夫です。１０００社も会社訪問しなくても、身近な例を挙げましょう。

今日までに訪れた旅行先を思い出してください。いろいろな発見がありませんか。細かく思い出していけば、地域別に生活スタイルの違うことに気が付くでしょう。まず、東京の人が大阪に行けば、エスカレーターの乗り方が違うことに気付くでしょう。東京の常識は急ぎの人が歩けるように右側を空けるのですけれど、大阪では左になります。京都では両者が混在して、名古屋ではエスカレーターでは歩かない。ちなみに本来のマナーは名古屋式の「事故防止のため歩かずに止まって乗る」です。

日頃忙しいから旅行に行けない？　あなたの職場は出張がないからムリ？

いえいえ、逆に考えましょう。

自分が旅行に行けないのなら、旅行者を観察すればいいのです。とりわけ外国人観光客を観察していると意外なことを発見できます。

日本の絶景ポイントはそこに住んでいる日本人がよく知っているハズ。

これが「常識」です。

でも、日本人よりも外国客が詳しかった例もあります。

外国客に人気のスポットといえば、京都を連想しますが、さらに京都にならぶ人気スポットがあります。それが、山梨県の富士吉田市にある新倉山浅間公園。京都からは遠すぎて富士山は見えません。でも、山梨のここからなら富士山が見えます。しかも、写真を撮ると、五重塔と富士山が一度にフレームに収まります。

季節によって、秋の紅葉や冬の雪景色に春の桜と、四季それぞれに楽しめるのです。海外の日本旅行者向けミシュランガイドの表紙を飾ったことで大人気になってようやく日本人が気付いたほど、日本人はここを知りませんでした。

他にも、見慣れた渋谷のスクランブル交差点は、あれだけの人が四方からぶつからずに渡れる不思議な光景だというのです。渋谷に行けば、その光景をスマホに収める外国客をよく見かけます。

外国人旅行客の意外な宿泊先としてカプセルホテルも人気です。終電がなくなった時に使うはずのカプセルホテルは、外国人旅行者にとっては遺体安置所に見えるそうで、テーマパークと同じように感じるそうです。

そこに目先の利くカプセルホテルの経営者は、多国語に対応して外国人を積極的に受け入れはじめました。

中にはニンジャをテーマにしてしまった、カプセルホテルもあります。カプセルのオーナーは外国人に人気だという偶然の見聞を無視せず、自分のところでもカプセルをテーマパークと見立てたわけです。

そうは言っても、いつもと違う体験は難しい？

解決は簡単です。いつも通う道を変えるだけでも違う発見があるはずです。他にも、誘われたら一度は断らずに行ってみる。違う世代や違う生活環境で育った人の話を聞くといろいろな発見があるものですよ。

それでも、時間がないのなら、テレビの旅番組でもいい。なにか、いつもの常識と違うものを発見して面白がってください。

常識は固定観念です。常識を前提に考えてしまうと、従来の発想から抜け出せません。

抽象化能力を鍛える基本練習〝大量に発想する〟

1を聞いて1しかわからないという人と、たちどころに10を知る人とがいます。何が違うかというと、抽象化能力の差です。抽象化とは具体的な事例をいったん、どこにでも当てはまるような形にすることです。決して抽象的にするわけではありません。

別の言い方をすれば物事の本質を見つけること。抽象化は「本質」を抽出して、あなたがやろうとしていることに当てはめるのです。

抽象化能力を高めるには大量に発想する練習が役立ちます。理由は2つあります。

1つ目の理由。

量は質を生みます。発想が多ければ多いほど、それらの組み合わせは指数的に増えます。10個発想するうち1つ使える確率なら、100個発想すれば10個？ いえいえ、発想同士を組み合わせれば、10個どころか、数百通りも生まれます。

例えば、日本の砂糖の消費量は1973年をピークに減ってしまっているといいます。

そこで、砂糖をテーマに考えます。

雑貨店を眺めていて、たまたま、コーヒー用シュガーという商品を見つけたとします。

コーヒーと砂糖、この2つをきっかけにして考えます。なにしろ、コーヒー豆はカフェブームで消費量が増えています。なんといっても、コンビニでも100円で飲める。手軽です。ということで、いつも一緒に使われているはずなのに砂糖はジリ貧と、不思議なことに真逆な関係なのです。

このコーヒー用シュガーを、まず、主従逆にしてみましょう。するとシュガーに合う専用コーヒーになる。まだまだ、コーヒー風味のシュガーを作ったっていい。水がお湯に溶かすだけでたちまちコーヒーフレーバー飲料になります。紅茶に入れればコーヒー風味の紅茶が出来上がります。コーヒー風味シュガーを煮詰めてコーヒー味のシロップ。発想を広げて受験生のためのカフェイン多めのコーヒー味シロップ。姉妹品としてコーヒーシロップを煮詰めてジャムにして、眠気防止にパンに塗れば試験の朝にちょうどよい。長距離ドライブのお供にもなる。液体を考えましたから、固形にして、コーヒーの匂いがする砂糖細工……と発想していけば、２つの組み合わせだけでもいくつでも出ます。

２つ目の理由。

大量に発想すると、発想の細部を意識できます。シロップとジャムのように、同じようなものがいくつも出てきます。すると、どう違うのかを意識するようになります。

こうした、些細な違いでもたくさんの違いを比べるうちに見えないものが見えてきます。

たとえるなら、解像度の違いとでも言いましょうか。解像度が高ければ細部がよく見えます。たくさん発想の違いを意識しているうち、アナログTVが地デジに変わったときに感じたほど、解像度がアップするのです。よく見えれば見えるほど細部の違いを発見できるようになります。


1を聞いて10を知る力とは、物事の本質を別の事例に当てはめる力なのです。

それができるようになるには「大量に発想する練習」が、まず第一です。

そして抽象化能力を鍛えるには、次の5つの練習方法が効果的です。

練習方法その1　NHK

本質を抜き出す練習です。

御存じの通り、NHKは国営放送、もとい、公共放送という性格上、メーカーの宣伝にならないように固有の商品名を言いません。別の言葉に置き換えています。

そこで私たちも、NHKになったつもりで、対象物の固有名を言わないで、新語を考えます。例えば、ホチキスなら「紙つづり針」とでも言いましょうか。

もちろん横文字で「ペーパークリッパー」でもかまいません。エスカレーターなら「動く昇降階段」という具合に無理やり日本語にしても楽しい。上手に本質を抜き出して言葉に当てはめましょう。

練習方法その2　30通りの用途

オーソドックスな練習です。

やみくもに、たくさん出すというよりも、30という目標を掲げることに意味があります。プロのクリエイターとなると500から1000個を発想するといいます。それに比べれば、たったの30でよいと思えば、なんとか頑張れるでしょう。実際、最初の数分で普通の人でも6個、発想が得意な人なら10個ほど出てきます。

一瞬楽勝と思いますね。が、実はここまでは発想というよりも思い出しなのです。11個目あたりからは、考えなければ出てこなくなります。そこで、最初に出てきた何個かを組み合わせてしまいましょう。それでも15個を超えるあたりからは、発想のブレイクスルーがなければ思いつきません。

例えば、新聞紙なら「汚れたものを包む」と、逆に「キレイなものを包んで汚れから守る」と発想するようなことです。

練習方法その3　電車広告、無理やりストーリー

連想力の練習です。

この練習では、電車の広告をつなげて物語を想像します。いま、自動車の人なら立て看板を見て想像してください。

満員電車で身動きできない時は、むしろ格好の練習時間です。広告は好き勝手に選ぶのではなくて、隣り合っている広告を順番に物語化するという制限をします。

今日の広告は……ホテルバイキング、旅行、予備校、女性専門大きめ靴とあります。

バイキングで偶然に昔の友人と出会った。意気投合して旅行に行きたくなったから、予備校時代の同級生も誘う話になった。そういえば彼女は足が大きいから……という具合につなげて、あらすじをつくります。

練習方法その4　当てっこ動物

これは抽象化能力を鍛えるグループワークです。

動物の特徴を上手く抽象化して可能性を絞ります。グループ全員で、あらかじ

め数十枚の動物カードをつくっておきます。

それから数人ずつのチームに分かれてお互い1枚ずつカードを引き、それぞれ出た動物について相手チームに質問させ、当てさせます（大人数いなくてもできます。2人ならカードなしで、いきなり質問から始めてもオーケー）。

先攻と後攻を決めて、先攻側のチームから質問します。

解答する側はYESかNOとPOの3つで答えます。POはポーです。POは造語で、デボノ先生がYESにもNOにも当てはまらない状況を表す言葉として紹介しています。

先攻が「木に登りますか？」という質問に対して後攻が「YES」。後攻が「走るのは得意ですか？」という質問に対して先攻が「NO」と答えて絞っていき、最後に「ナマケモノですか？」「当たり！」という具合に、先に動物を当てたチームが勝ちです。答えがニワトリだとして、空を飛びますかというとこれは難しい。実は、全く飛べないわけでもないのです。YESともNOとも答えにくい。

こういうときには「PO」と答えます（ゲーム中に動物の特徴をスマホで調べてもオーケー）。

質問によってはこちらのカードのヒントを与えることになるので、いかにこちらのカードを隠して質問するかがカギです。ゲームが終了したら、どの質問が有効だったか、どの質問で相手にヒントを与えて失敗したかをディスカッションします。

練習方法その5 なぞ解き

別の章でも紹介していますが、改めて紹介します。なにしろ、抽象化能力を高めるのにとても強力な方法なのです。

「○○とかけて××と解く」という、一昔前にWコロンのねづっちさんの芸で一世を風靡したお馴染みの芸の練習です。関係性が遠いものから上手に共通点を抽出できるようになります。

心理学者の サーノフ・A・メドニックによれば、新たに結合する要素が互いに遠いものであればあるほど、そのプロセスや結果はより創造的なものになるといいます。

私は趣味の古書店巡りで特価棚にランダムに置かれている本のタイトルを結びつけて練習しています。

例えば『朝ごはんレシピ』と『美坊主』の2冊から。いろんな解き方がありますが、「朝ご飯とかけて坊主と解く」にします。さて、そのココロは?

ここでの抽象化のコツは、それぞれの特徴を頭の中で取り出すことです。先ほどの30通りの練習が役に立つはずです。この時点で、ものすごく頭を使います。共通の特徴が見つかるまで根気よく続けると……ハイ、ととのいました!

「どちらもケサの出来事です」。お粗末さまでした。

以上、大量発想の練習方法を5つ紹介しました。

◆視点を変える練習
体を使わないとしても練習は必要。

「ピンチの時には頭を使え」と言われます。とはいえ、普通の人は「どうやって頭を使っていいのかよくわからない」というのが正直なところでしょう。

まずは〝逆転の発想〟をします。逆転というと難しそうに感じるのですが、実は多視点、視点を変えるだけです。

でも、研修では受講者からは、まさにこの「視点を変える」が難しいと言われるのです。たしかに、受講者の感想は当たり前ですよね。とはいえ、解決は簡単です。今までやったことがないから難しいと思うだけなのです。

何にでも当てはまることなのでしょうが、理論を知ることは大切です。しかし、もっと大切なのは、理論を知っていても実践できなければ、意味がない。実践できるようになるために練習しておかなければ、いざという時に使い物にならないとわかっておくことです。

普段からジョギングしている人でも、マラソン大会に出場しようとしたら、数ヶ月前から練習するでしょう。体を使う場合はもちろんのこと、頭を使う入試の前には何年もかけて勉強を続けるではありませんか。

ところが、ラテラルシンキングは、やり方さえ覚えてしまえば、簡単にできると思われています。それは間違いです。ロジカルもラテラルも、どんな思考法にも練習は必要です。

いつまで練習を続けるかは人それぞれですが、一定の水準に達したら、1つのアイデアから芋づる式に次々と新しいアイデアが出てくることは、どの人も共通体験のはずです。きっと皆さんも練習を続けるうちそのことを実感できます。

視点を変える練習方法として、実際に私が全国のラテラルシンキング研修で使っている演習の一部を紹介します。演習といってもゲーム感覚で気軽に楽しみましょう。

練習方法その1「だが、それがいい」

「だが、それがいい」というフレーズは、ダメだと思っている事実を受け入れて、意味づけを変えます。

これ、マンガ『花の慶次』の名場面で有名なので、ご存じの方も多いでしょう。このセリフは視点を変えるきっかけに使うと効果的です。困った状況を目の前にして、「だが、それがいい」と言えば、脳は勝手に、〝なぜ、いいのか〟という理由を探して辻褄を合わせようとします。この過程で、脳に新たな発想回路が生まれます。

例えば、就活なら次のような手順になります。無表情でニコリともしないし、なぜか、笑う表情が苦手な新卒者。

まずは、この人を「だが、それがいい」と言い切ります。そうすると、「プロのギャンブラーか、それとも葬儀社だったら、こういう人が最適ではないか？」という逆転の発想が出てきます。そこまで、考えなくても普通の会社でも総務部門では交渉役などに活躍しそうです。万事この調子で、ダメそうなものを逆転します。

練習方法その2　いいこと探し

評判が悪い商品があったとします。でも、評判が悪くてダメそうと言っても、全てがダメだということはありません。本当にダメな商品なら、店頭で売ろうとはメーカーも考えないでしょう？

人間は本能的に欠点を探すことに長けています。たぶん、原始時代に腐ったものを食べて病気になると生死に関わる大変な事態だったからでしょう。そうした経験が遺伝子に組み入れられて、少しでもダメそうなものを見つけられる能力を磨いてきたのです。だからダメ出しなら得意だという人が圧倒的に多い。でも、ここでの練習は、あえて、ダメな中でもなんとかいいものを探し出すのです。

先の「だが、それがいい」は意味づけを変える目的でした。

いいこと探しは、素直にいいことを発見するゲームです。どんなに評判が悪くても残っている「ダメじゃないこと」を探す練習ができます。

練習方法その3　さて、どうしたでしょうクイズ

ピンチに至らずとも日常で何か不満になっていることは、たくさんありますね。

そこで、一番解決したいことを思い浮かべ、理想ならどうなっているかを考えま

す。これをクイズにしてしまうのです。

例えば、あなたは満員電車の通勤にうんざりしています。そこである方法を試したら通勤にストレスがなくなりました。ここで、「さて、どうしたでしょう」と声に出します。この声に出すことが重要で、自分の声が耳から入るだけで、脳は勝手に答えを見つけようとします。騙されたと思ってやってみてください。

練習方法その4　役に立たないものゲーム

普段は、人間は役に立つものを自然に発想してしまうものです。でも、その逆は意外と難しいものです。「役に立たないものゲーム」は、この習慣を変えるグループワークです。

親を決め、親が「絶対に役に立たないもの」を発表します。制限時間の3分以内に「こうすれば役立つ」と見つけた人が勝ち。用途を見つけられなければ親の勝ちです。

例えば、親が「絶対に書けないボールペン」と言ったら「紙を汚さずにペン運びの練習ができるから役立つ」というように役割を見つけた人が勝ちになります。

不思議なことに、普段は役に立たないとダメ出しをしている人ほど、役に立たないものを考えられずに、負け続けるということもありました。

練習方法その5　ジキルとハイド

こちらもグループワークです。

タイトルから想像できるように、性質の異なるものを1つに結びつけます。例えば、「効率よい無駄遣い」「最高品質のゴミ」という感じで正反対のものを考えカードに書き込みます。

第二段階で別チームとカードを交換します。相手チームの考えた性質の異なるものを初めて見て、わからなくとも知ったかぶって説明するのです。「効率よい無駄遣いとは何か?」「最高品質のゴミとは何か?」と発展させお互いに発表します。

すると、考案した側も、へー、そこまでは思ってなかったという着眼点に驚きます。

現実にジキルとハイドの「最高品質のゴミ」という発想で、産業廃棄物からレアメタルなどの貴金属を取り出す事業が生まれ、都市鉱山という言葉も一般化しました。

以上、視点を変える練習方法を5つ紹介しました。

大量発想と視点を変える、を合わせると10個の練習方法になります。

ここで紹介した練習方法はどれも特別な道具を使いませんし、お金もかかりません。実際に試した受講者から、「だが、それがいい」は、怒りっぽい人が穏やかになったという思わぬ副産物も生まれたと教えてくれましたよ。

あと残るは、セレンディピティの練習方法です。

セレンディピティは、複合的な要素が盛りだくさんとなりますので、トランプを使った総合練習法「フラッシュ@ブレイン」をご紹介しましょう。

◆対戦型発想カードバトル「フラッシュ@ブレイン」

フラッシュ@ブレイン（普通にフラッシュブレインと読みます。@は表示だけのアクセントですね）は、これまでに説明してきたラテラルシンキングの3つのコツ——前提を疑う・抽象化・セレンディピティ——を一気にマスターできてしかもおもしろいという、私が考案した、欲張りな総合練習法です。

先にこの練習法が誕生した背景を紹介しますと、フラッシュ@ブレインはもともと、企業研修中、アイデアを出し合うブレーンストーミング演習、通称ブレストでの大失敗から生まれました。

そのブレスト演習、どうしても、カッコいいアイデアを出そうとか、バカにされないようにとか、参加者の皆さんのさまざまな思惑が絡み合って、まったくアイデアが出なかったのです。

また間の悪いことに、「そんなアイデアじゃ駄目だ！」と批判するご意見番が受講者として参加していて、とどめを刺しました。それで結局しらけたまま時間切れとなり、研修は終わり。

研修後には反省会もセットされていて、講師の私も参加しなければなりませんから、居心地が悪いだろうと思いつつも会場の居酒屋に行きました。

でも、そこで見た光景は、研修とはガラッと違っていました。皆さん別人のようにリラックスして、さまざまな発想が出まくっていたのです。

そこで、なんとかこの熱気を演習に応用できないかと考えました。

考えた末に、「そうだ！　ゲームだ！　ゲームにしよう」と思い付きました。それで生まれたのが、フラッシュ@ブレインです。

フラッシュ＠ブレインはどんなゲームかと言えば、5人で遊ぶ「普通のトランプを使った対戦型発想カードバトル」です。もちろん、1人でも遊べますが、5人いると順位が決まります。競争相手がいるとさらに楽しくなります。カードゲームですから、何と言ってもスマホやPCなどのデジタル機から離れることで、対面コミュニケーションが得意になります。

使うものは普通のトランプだけです。トランプならコンビニでも100円ショップでも、少し大きめのキオスクでも売っています。

ありふれたトランプですから、日本のみならず世界中で簡単に手に入れられる利点があるのですよ。思い立ったら、いつでも、誰でも、簡単に遊ぶだけなのに、ラテラルシンキングの基本を身に付けられるのです。

このゲームを終えても、頭の中に新しい思考回路が作られるので、自然にラテラルシンキングの考え方が使えるようになります。

遊び方で磨かれる3つの能力

総合練習法と名乗るだけあって、遊ぶだけで次の能力を磨けます。

記憶力（発言を記憶する）
発想の組み合わせに利用のため、相手の発言を覚えておくための記憶力が磨かれます。
思考力（水平思考、論理思考）
アイデア発想の瞬発力と相手を説得するための論理力が磨かれます。
発言力（コミュニケーション）
具体的にコンパクトに発表します。エレベータピッチ（たまたま乗り合わせた投資家を15秒で惹きつけるトークのこと）とっさの時のコミュニケーション能力が磨かれます。

フラッシュ@ブレインの遊び方

能書きはこの辺にして、遊び方を説明しましょう。用意するものはトランプだけ。

ジョーカーを除いた52枚のカードをよく切り、山札とします。

完全版なら52個の発想が手に入ります。短縮版として、絵札だけを使っても構いません。絵札だけといってもJKQA×4種類のマークがありますから、短縮版でも16個の発想が生まれます。

最初に親プレイヤーを決めます。親はその場で見えるものをテーマとして選び、宣言します。

それから2分間、選んだもののイメージをプレイヤーで共有します。例えばテーマが「ペン」なら、筆記具、長い棒、必須の持ち物、というようにです。

プレイヤーは親に聞きます。タブレットを操作するので指はペンに入りますか？これに対してペンに入りません。体の一部ではなくて持ち物です。というように、イメージ共有中だけは、親が全てを定義する権利があります。

2分が過ぎ、イメージの共有が終わったら、親から時計回りで山札を全員が見えるようにめくります。

山札をめくったプレイヤーはカードのマークを見て、マークが課すルールに即して30秒以内に発表します。ルールは次の通りです。

♠スペード：逆転の発想をせよ
例：書いても消せるボールペン
♥ハート：違う用途を思いつけ
例：肩コリのツボを押すペン
♣クラブ：拡大縮小の発想をせよ
例：収納時はコンパクトなのに使うときに伸びるペン
◆ダイヤ：別のものをくっつけよ
例：暗いところでも書けるライト付きペン

ひと回り目には、発表するものはすでに世の中に存在している商品で構いません。

でないと、プレイヤー全員が知らない可能性があるからです。上記の例は4つとも、どこかしらのメーカーが商品化していますよね。

そうやってアイデアを発表したら、めくったカードを自分の手札に加えます。

もし、めくったプレイヤーが30秒以内に発表できなければ、別のプレイヤーは「フラッシュ」と宣言して発表権を横取りできます。

フラッシュしたプレイヤーも30秒以内に発表します。


他のプレイヤーは発表が気に入らなければ、3秒以内に自分の手札から1枚かけて「@（アット）」と宣言します。アットしたプレイヤーはやはり30秒以内に、批判ではなく、改善したアイデアを発表します。

どちらがより優れているかという判定は「@」当事者以外のプレイヤー3人の〝一斉指差し多数決〟で決めます。

そうして多数決で選ばれたプレイヤーが勝ちとなり、めくった札とかけた札の2枚を手中に収めます。

これを続けて全ての山札をめくり終わるか、プレイ開始から15分経ったところで終了です。終了時点で手札の数が多い人が勝ちになります。

企業ではもちろんのこと、小学校からでも十分に楽しめます。

ルールは以上です。

このゲーム、大人は難しいといいますが、むしろ9歳くらいの子供が楽しんで遊びます。頭が柔らかいのですね。

もう少し詳しく4つのマークを解説

フラッシュ@ブレインで遊んだとしても、たったの4つのパターンだけでは、たいして発想の助けにならないと思う人もいるかもしれません。

とはいえ、この4つは発想単体ではなくて、方向性と広がりを示しています。

マークは発想のきっかけであり、入り口にすぎません。


きっかけと言ったものの、いきなり逆転の発想と言われても、手がかりがないので、途方に暮れる人もいますね。

では、各マークをもう少し解説しましょう。


例えば、ボールペンをテーマにして、スペードの逆転を引いたとします。

まず、消せるボールペンを思いつく。

よく考えてみれば、消せるボールペンでは、公式な書類に署名できませんから、すでにボールペンの用途から離れています。逆転は発想の一つの入り口にしか過ぎません。むしろ、ハートを引いたときの「違う用途」とも言えます。

他にも、いろいろな紙に書けるボールペンを逆に考えて、特定の紙にしか書けないボールペンにすると契約書専用のボールペンになります。

この契約書とボールペンはセットでなければ使えませんから、ダイヤの「くっつける」になります。

4つのマークを覚えやすく

マークをイメージするために、ポエム？　と手がかりを追加します。

（ポエム）
＊＊スペード　　逆転させるなら
「スペード本来の意味は革命に使う槍と剣。革命によって、いままでの関係は逆

転する」

（手がかり）

反転、前後、回転、左右、上下、縦横、順番、役割、振動させる（うるさく）、静かにさせる

具定例は、神社仏閣の修理。

今までだと足場とネットに覆われて見えなくてがっかり。こんなことありますよね。

そこで、修理を積極的に活用します。神社仏閣は下から見上げることが前提だから、なかなか上から見る機会はない。今だけ、上から、しかも中が見られるのです。何十年に一度のチャンスです。というように変えます。この、次回は数十年後にならないと修復しないからという時間的希少性を価値にした例です。

＊＊ハート　違う用途にしたら

（ポエム）
「愛を知れば世界の全てが変わって見える。世界の意味だって変わって見える」

（手がかり）
意味、色、使い方、働き、音、匂い、様式、型

具体例は、世界初のカニカマ

１９７２年食品製造会社スギヨの３代目社長の杉野芳人は、人工クラゲの開発に挑戦していました。しかし、失敗続き。このとき、クラゲのはずが、カニの食感に似ていることに気づきます。ここから世界初のカニカマである「かにあし」を発売しました。

同じ食品でも違う用途に転用できれば、世界中に知られることもあるのです。

川上産業株式会社の梱包材プチプチもストレス解消グッズとして使っている人もいますね。

＊＊クラブ　拡大縮小する

（ポエム）

「植物は大きく育ち、そして小さな種を残す。一晩で咲く花、100年に一度咲く花さまざま」

（手がかり）

大小、広狭、重軽、厚薄、強弱、早遅、時間、頻度、追加、省略、寒暖、増殖

具体例はいろいろです。ぐんぐん縮小すると、省略に行き着きます。携帯電話の電話番号ボタンを省略したら、そう、スマホのソフトウェアキーボードになります。

拡大縮小すれば、折りたたみ自転車。量の増減を考えればルーズリーフノート。時間の増減を考えたら5分単位で使えるレンタカー、年単位で借りられるホテル。

部分的に拡大してみましょう。ボールペンの先を拡大したらボールがついてい

ます。このボールをコロコロさせると、接着剤が出るようにすれば、学生の頃お世話になった靴下ずり落ち防止のソックタッチ。この原理ですよね。

＊＊ダイヤ　くっつける

（ポエム）

「貴重なダイヤだからこそ、どんなものとも交換できる。それが、他人のアイデアだとしても」

（手がかり）

誰かの意見に自分の意見を便乗させる。意見と意見を組み合わせる。とにかく組み合わせてくっつける。

具体例としては、スマホは電話とカメラと音楽プレイヤーをくっつけています。マークの中でも、一番やさしい札です。

※日本におけるフラッシュ@ブレイン®は、創客営業研究所が全権利を所有しています。

発想するためのコツ

ラテラルシンキングは、発想だけだと思われがちです。でも、考え方なので発想は、全体のほんの一部でしかありません。

そうはいっても、発想は重要な入り口となります。そこで、発想のコツを紹介します。

発想までの順序としては、次の4つです。

情報を集めてよく読み込む

情報は集めただけでは不完全で、よく読み込みます。情報には「量」「質」「大きさ」の3種類があるのです。量がなければ偏ってしまうかもしれません。質は確かな情報源か、フェイク（嘘）はないのか。大きさは、関連性の高い情報かどうかです。こうした情報を読み込んで取捨選択します。

抽象化する

ペンであれば、先に説明した筆記用具、長い棒と特徴を挙げます。練習方法としては30通り考えることが役立ちます。

いったん忘れてぼーっとする

情報を読み込み抽象化したら、あとは、ひたすらボーっとします。

ひらめくのを待つ

セレンディピティを待ちます。

そして、4つの中でも重要なのが、いったん忘れてボーっとすること。アイデアが出てくるのは三上（さんじょう）と言われています。三上とは枕の上、トイレの上、馬の上です。いずれも、何もできないような場所です。ここでアイデアを書き留める以外の用途でスマホを見てしまうと違う情報が飛び込んできてしまって発想の妨げになるため、ぐっと我慢します。

ボーっとするとは、なにも考えていない状態を維持します。

アイドリング状態時に、脳の一部は活発に活動しているといいます。無意識こそが脳活動にとって非常に重要であることがわかってきました。

このボーっとすると、思いつくことは経験上わかっていましたが、ドレクセル大学ジョン・クーニオス教授によれば、こうしたぼーっとしていても、脳は活発に仕事をしていることを発見しました。この脳の状態のことをデフォルト・モード・ネットワークと呼ぶそうです。

デフォルト・モード・ネットワークはいろいろな記憶を脳が結びつける状態といっています。何もしない状態といえば禅があります。

現代人はスマホをはじめとしていろいろな誘惑が周りにあるので、このような状況は意図的に作りあげるしかありません。

もし、考えに集中できないとしたら、散歩は思わぬ効果があります。意識的に無意識の状態をつくれるからです。

また哲学者や発明家と呼ばれる人は、散歩をよくしていたといいます。

アップルのスティーブ・ジョブズは考えるときには、オフィスを歩き回っていたといいます。

哲学者のカントは厳密に一日のスケジュールを決めていました。散歩もそのひとつで決まった道を決まった時刻に歩いたそうです。散歩の時間もきっちり決めておけば、周囲も気を使ってスケジュールを乱されることはありません。カント自身も、時間さえ決めておけば、ああ、散歩の時間だなと自然に行動に移せますから、雑事に頭を使わなくて済みます。あまりにも正確だったので、街の人はカントを見て時計を合わせていたといいます。

忙しい現代人は散歩のためだけにスケジュールを割くことは難しいのですが、何も考えずに歩き回っているからこそ、独創的な発想にたどり着くのです。最近ではスマホで録音・録画、文字起こしができますので、思いついたら記録をすることを心掛けると忘れなくても済みます。

日常でラテラルシンキングを使うには料理するといい

料理は実践のラテラルシンキングの場です。

焦げる、吹きこぼれるという思いもかけない事態に遭遇します。そうした状況を乗り越えるたびにラテラルシンキングの考え方が広がります。

実際に、久留米のラーメン屋「三九」でダシにするための豚骨を茹でていました。この鍋を手違いで沸騰させてしまって、気づいたときには白く濁ってしまいました。それまでは、ダシは透明が常識。捨てるのも、もったいないからと、濁ったスープにタレを入れて一口すると思いのほかコクがあってうまい。これが九州豚骨ラーメンの始まりとされています。

他にも、19世紀までのチョコレートは固くてザラザラした口当たりでした。スイスのロドルフ・リンツはチョコレートを攪拌する機械を止めるのを忘れて、週末の休みを取ってしまいました。休み明けの工場には、まるこげのチョコレートではなく、今日のなめらかな口溶けのチョコレートが出来ていました。

失敗を失敗としないで逆に活かすには、ラテラルシンキングというわけです。

ラテラルシンキングもロジカルシンキングも、考えて、それで、終わってしまったら意味がありません。

行動がなければ、どんなに優れた計画であっても、それが、証明できないのです。

まず、一歩踏み出しましょう。

第4章　まとめ

ロジカルシンキング、ラテラルシンキングはやり方を覚えているだけではだめ。練習が必要。

できるだけたくさんの発想を出せる練習をするといろいろな角度から見ることができる。

ラテラルシンキングの練習にはトランプを使ったフラッシュ@ブレインが決め手。

発明家や哲学者は発想するために、散歩を好んだ。

発想したら、計画するだけで終わらせず行動に移す。

第5章
ラテラルシンキングを鍛える練習問題

いよいよ最終章となりました。最終章ではラテラルシンキングを鍛える練習問題を紹介します。いままでラテラルシンキングを身に付けてきた成果を存分に発揮してください。

各問題には目安として、難易度と制限時間を載せておきました。練習問題が終わりましたら、あなたの解答数をハッシュタグずゝかんでツイートして自慢してください。また、あなたの考えたラテラルシンキング問題のツイートも大歓迎です。

Q1 子象の救出

涸れ井戸に落ちた子象。どうやって助ける?

ある村で大切に飼われている子象がいます。貴重な観光資源であり労働力として可愛がられていました。ところが、何かの拍子に逃げ出します。あわてて追いかけたのですけれど、古い涸れ井戸にすっぽりと落ちてしまいました。幸い浅い井戸なので怪我はなさそうです。ただし子象1頭がぎりぎりの広さです。

子象の胴にロープを回してトラックで引っぱり出そうとしましたが、井戸に入ろうとすると暴れて人が潰されてしまいそうです。ショベルカーで掘り起こそうとしましたが、砂地なので井戸そのものが崩れてしまいます。

あなたなら、どうやって子象を救出しますか？

難易度★★★★★　制限時間10分

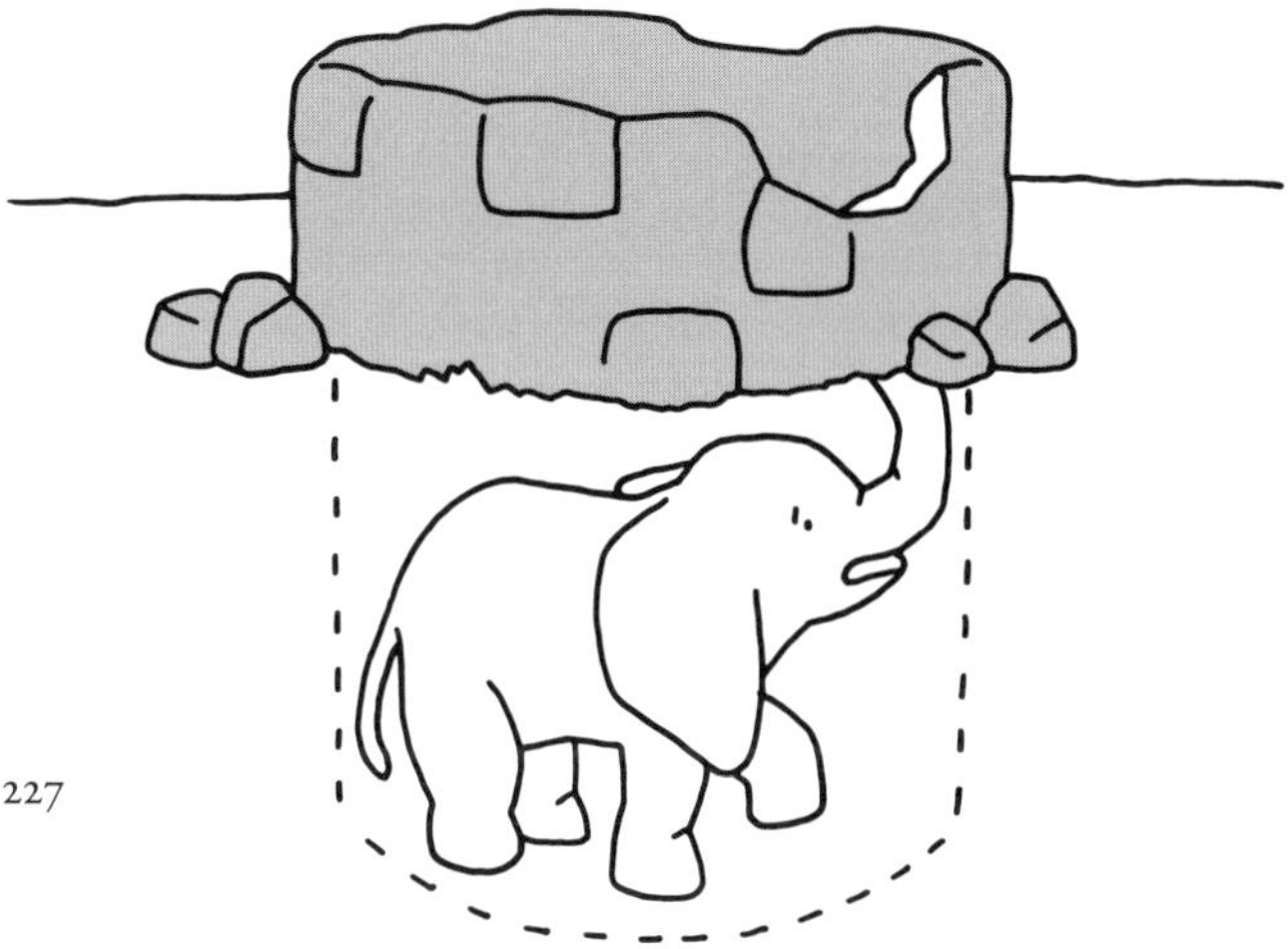

A1 「子象の背中に少しずつ砂をかけ続ける」

周囲には、いくらでも砂があります。子象の背中に砂をかけるといやがって身体を揺すります。すると砂が足下に落ちます。足が埋まってしまいますから、子象はいやがって足踏みして砂から足を出します。そうしたら、また背中に砂をかけます。これを繰り返していけば、涸れ井戸が埋まっていずれ子象は外に出てこられます。

象を引っ張り出すのではなくて、逆に井戸を埋めてしまう考え方がラテラルシンキングです。

Q2 世界最速のボルト選手と勝負して勝つ

金メダリストに勝つ方法、わかりますか?

あなたは100mを9秒台で走るオリンピック金メダリストのウサイン・ボルト選手と競争することになりました。どうしたら勝てるでしょうか?

＊ヒント＊

毒を飲ますなど恐ろしげな手段は、推理小説に任せましょう。

難易度★★　制限時間2分

A2 「しりとりで勝負する」

ボルト選手はジャマイカ人です。日本語でのしりとりなら、確実にあなたが勝てるでしょう。100m走で競争するとは一言も言っていませんよ。ずるいですか？　そもそも、短距離走の金メダリストに短距離走で挑んで勝てるわけないでしょう（笑）。このクイズで言いたいことは、短距離走と聞いた途端に短距離走で競争しなければならないと思い込む思考のパターン化、固定観念を壊すことなのです。

Q3 マカロニの重量はどうやって測る？

容器が小さいクッキング用ハカリ。効率よく300g測るには？

いま、500g入りのマカロニ袋があります。このうち3人前の300gを使います。1kgまで測れるクッキング用ハカリがあるのですが、あいにく容器が小さくて100g上載せるとこぼれてしまいます。あなたなら、どうやって300gを測りますか？

超簡単なのでヒントはありません。

難易度★　制限時間1分

A3「500gの袋をそのままハカリに乗せて、200gになるまでマカロニを鍋に投入する」

普通なら、100gを3回測って300gですよね。とはいえ、毎回100g測るとなると、ちょっと神経を使います。だったら測る対象を逆にすれば良いのです。

ラテラルシンキングは自動車のバックと同じです。日常では逆にすることは滅多にありません。けれど、〝逆にすると上手くいくかも〟ということを覚えておけば損はありません。

Q4 暗証番号を知られないようにするには？

あなたは旅先で高級ホテルに泊まりました。宿泊客がかわるたびに部屋の調度品の隅々まで拭き掃除をするような超高級ホテルです。部屋には備え付けのセーフティボックス、つまり金庫があります。

お財布を入れてきちんと扉を閉めて暗証番号をセットして、ジョギングに出かけました。ところが、部屋に帰ってきたらセーフティボックスの扉が開いています。どうやら暗証番号が知られたようなのです。

犯人はどうやって暗証番号を知ったのでしょう？

難易度★★★★　制限時間8分

A4 「指紋の跡から推測した」

犯人は数字部分にラップを貼り付けて、採取した指紋から暗証番号を推測しました。どんなに手を洗ったとしても指紋が残ります。スマホを使っていらっしゃる方なら指紋で画面が汚れることはご存じの通り。

どうやらこのホテルではクリーニングのたびに部屋の金庫まで拭いていたようなのも裏目に出ました。

そこで対策としては「念のため施錠できた後も全ての番号を押しておく」。

これが答えです。

Q5 アントニーとクレオパトラはどう死んだ？

アントニーとクレオパトラが、エジプトの屋敷の床で寄り添うように生き絶えていた。死体のそばには割れた金魚鉢。あたりは水浸し。ただし、金魚鉢で殴られたわけでも、水に毒が入っていたわけでもない。

どうして死んだのだろうか。

難易度★★　制限時間3分

A5 「死因は、えら呼吸ができなくなったから」

アントニーとクレオパトラという名前の金魚が死んでしまいました。

人間の名前だと思い込んでしまうところが固定概念というわけです。

Q6 注意深く名前を推理する問題

暦《こよみ》さん一家の4人きょうだいのあきらくん。一番上はお姉さんで「つきこ」です。次女は「かれん」、長男は「みずと」です。さて、あきらくんの家では一番下の末っ子は、いったいなんという名前でしょう。あなたの推理力を駆使して答えてください。

難易度★★　制限時間2分

A6 「もちろん「あきら」です」

暦家ですし、月火水ときているから、木に関連する名前だと思いました？
それ、ひねりすぎです。質問中に2回も答えを出してましたよね？
「質問中に答えが出るはずがない」という前提を、素直に疑ってください。

Q7 水を最も早く簡単に氷にする方法

水を最も早く簡単に氷にする方法を考えてください。気温16℃の時100ccの水が摂氏0℃になったら凍るものとします。

難易度★　制限時間1分

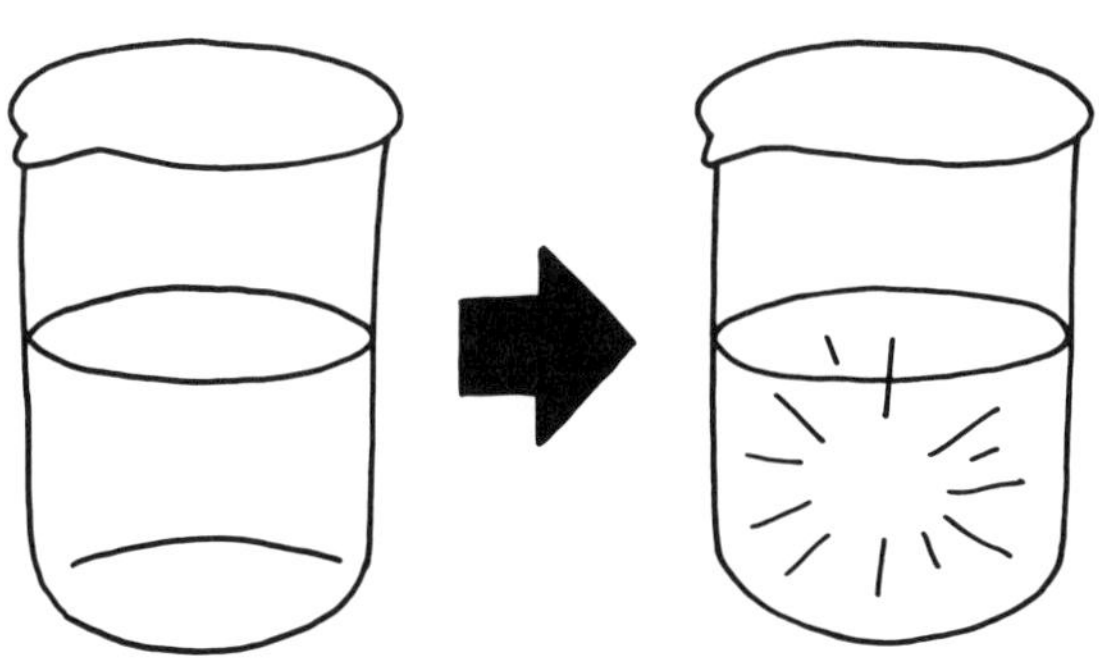

A7 「水に「、」を付けましょう」

水と氷の共通点は「水」で、違いは「、」だけですよね。

Q8 ファストフード店が強盗に遭わなくなる方法

ある24時間営業のファストフード店では、強盗の被害が絶えずに困っていました。かといって、防犯装置を取り付けたり警備会社と契約したりすると赤字になります。ところが、あることに気付いて実践するようになってから、お金をかけずに防犯に成功しました。

いったい、何をしたのでしょうか?

＊ヒント＊

ラテラルシンキングには「その地域からは撤退した」という答えもありますが、幸いなことに営業は続けています。

難易度★★★★　制限時間8分

A8 「制服で来店した警官には無料でドリンクを提供した」

米国映画には、パトロールを終えた警察官がドーナツショップで談笑しているシーンをよく見かけます。この話、映画だけの都市伝説じゃないのか、現実にあるのかと米国のブログを調べたら、ドーナツどころかコンビニやハンバーガーショップでも無料もしくは割引をしている店がありました。ただし、地域性があって、全てではなさそうです。それに、いくら店側が無料だと言っても、お金を払う警官も多いとのこと。日本では馴染みにくいかもしれませんね。仮に警官にだけ特別サービスするのはよくないと感じる人は、抽象化をすればいいのです。要するに目的は防犯です。

例えば「警察の方は制服のままでご遠慮なく」と入り口にＰＯＰを貼るという応用もあります。

Q9 スパイはなぜB国人であることを認めたか

A国の秘密警察がB国のスパイを捕らえました。スパイはB国育ちなのでB国語を話しますが、尋問してもA国語しかわからないとしらばっくれる。長い取り調べの休憩の時など、油断しそうな瞬間を見計らってB国語で話しかけても返事をしないという徹底ぶり。

そろそろ拘留期限の切れそうなある日、取調官がこれまで以上に怖い顔で、B国語で話しかけると、あっさりB国人だとバラしてしまいました。

取調官はB国語で何を話したのでしょう？

難易度★★★★★　制限時間10分

A9 「A国の担当官は、B国語で笑い話を披露した」

スパイはまさか、取調官が笑い話をするとは思わないので、理解できないはずのB国語の笑い話にプッと吹き出してしまいました。なにしろ怖い顔で話したわけで、顔がおもしろかったのだとも言い訳できず、ついに観念しました。

自由に笑ってよい時よりも、制約がある状況で、例えば満員電車で落語を聞いていて、おもしろさに笑いをこらえればこらえるほど、ついニヤリとしてしまうこと、ありますよね。

Q10 浄化装置が止まってしまった水産市場

ある水産市場では、目の前の浜辺から貝を水揚げしています。ところが、電気設備に故障があり、水槽の浄化装置や冷凍装置が使えなくなりました。このままでは、せっかくのハマグリやアサリが死んでしまいます。どうしたら、被害を最小限に食い止められるでしょうか。

難易度★★★★　制限時間8分

A10 「いったん、目の前の海に放す」

そもそも相手は貝ですから遠くに逃げることはありません。別の水槽を借りてくることもできるでしょうけれど、天然の水槽である海に戻せば、みすみす死なせてしまうことはありません。

浄化装置が直り次第、再び浜辺から戻せば活きの良いままです。「期間限定イベントとして潮干狩りを開いてもいいかも」と発想するところまで突き抜けられたあなた。ラテラルシンキングを使いこなしています。

Q11 メニューがないのに客が迷わない料理店

あるレストランにはメニューがありません。食品見本があるわけでもないのに、お客様は特に迷わず、食事を平らげると満足して帰ります。どうやって注文するのでしょう。

難易度★★　制限時間2分

A11 「食べ放題の店だから」

練習方法をよく読めばヒントがありましたね。そう、「バイキング」形式のレストランなのでメニューはありません。

Q12 看板の間違いを直さない店主

米国のあるバーでは綴りが間違った看板が掛かっています。時折、親切なお客さんが「間違ってますよ」と教えてくれますが、店主は「このままでいい」と譲りません。なぜ、店主は間違ったままの看板を直さないのでしょうか？

難易度★★★　制限時間5分

A12 「客を店に入れるため」

店主の言葉です。「ときどき、あなたのように、看板が間違っていると入店してくれる〝新規のお客さん〟が来るからね」

間違えてるよ、と教えてくれたお客さんはその時点で店内に入っています。最初は教えるためだけのつもりでも、店に足を踏み入れて店主と一言二言話せば、何か注文する気になるでしょう。店主の作戦勝ちというわけです。

どのようなお店でも、看板の究極の目的は、お客さんに店に来てもらうことです。つまり、綴りが多少間違っていたとしても、その看板は十分に目的を果たしているのです。

Q13 ある飲食店で高級食材が残ってしまう

高級食材を取り揃えたが、一番高い料理は注文されない。
だが、ある条件を提示したら、高い料理ばかり頼まれるようになった。
いったい何をしたのでしょうか？

難易度★★★★　制限時間8分

A13 「食べ放題に変えた」

食べ放題だとしても、高級食材だけを食べ続けるのは飽きてしまいつらいものです。お馴染みの鶏のから揚げに焼きそばとかフライドポテトなど仕入れが安くてお腹が張るものも一緒に提供します。

話題性の高い高級食材を目玉に集客するだけでなく、普通に儲かり食材も売れます。

Q14 高校生に人気のコミックを電子書籍にしました

超人気のコミックですが、全36巻あります。

販売元では大々的にキャンペーンを実施して1巻目を無料で読めて、2巻目を70%引きにして、3巻目を50%引きに。四巻目からは定価、といっても紙の書籍よりは1割程度も安価な値段付けにしたのです。

ところが、1巻目は想像以上にダウンロードされたのに、2巻目以降はまったくダウンロードされませんでした。

少しでも、お金を払うのには抵抗があるのでしょうか?

＊ヒント＊
調査の結果、2巻目をダウンロードした人は3巻目も購入しています。全員ではありませんが全36巻ダウンロードした割合は予想の範囲でした。

難易度★★★★　制限時間7分

A14「クレジットカードを持っていなかった」

ダウンロード販売は、クレジットカードの登録が必要です。家族カードを持つ学生が少なかったことが原因と考えられます。無い袖は振れません。

Q15 仕入れの時間が無いスナック

こちらは、少々、大人の問題です。

母子家庭でスナックを経営しているママさんがいます。母子家庭ゆえ仕込みができません。

この店には、全国を営業して回っている常連客がいます。

いったいどうしたら、全国を飛び回る舌にうるさい常連客が満足する「肴」を提供できるでしょうか？

難易度★★★★★　制限時間10分

A15 「お客様から、自慢の肴を提供してもらう」

営業で全国を回っているので、珍しいお土産を知っています。それを店の肴として提供してもらい、どれが一番美味しいかを投票で決めるのです。

みんなが自慢の品を持ってきますから、珍味を求めて頻繁に来てもらえるようになりました。

常連のお客様には、自分が仕入れた肴の順位が気になって、何度も来店いただけました。

Q16 新製品のカメラを作るミッション

あるカメラメーカーで、従来にないようなカメラを企画することになりました。

ところが、新製品をつくるというのに、開発者はライバル各社の取扱説明書ばかり見ています。ライバルのマネでは、従来にないような新製品とは言えません。

どうして、ライバル会社の取扱説明書ばかりを見るのでしょうか。

難易度★★　制限時間3分

A16 「ライバルメーカーの禁止事項を調査していました」

例えば、水に濡らさないでくださいと書かれていれば、防水カメラを企画すればよいわけです。

Q17 コミュニケーション研修

コミュニケーションの基本は相手の目を見て話すこと。ところが、相手の目を見て話すことが苦手な人がいます。わたしが依頼されたコミュニケーション研修では、ある練習をすることで、参加者全員、相手の目を見ることができるようになりました。それは、どんな練習なのでしょう?

難易度★★★★　制限時間8分

A17 「目の部分だけの似顔絵を描くようにした」

相手の目を見てくださいと言うと、恥ずかしくて見られないという人ばかりいました。

ところが、相手の目の似顔絵を描いてくださいと言えば、コミュニケーションがいったん頭から外れて淡々と目を見られるようになりました。

さて、あなたは、制限時間内に、何問答えられましたか?

ラテラルシンキングを知らない周囲の人に練習問題を試してみてください。考え方は周囲の人とよく似てしまうと言われています。でもラテラルシンキングを身に着けているあなたなら、決して負けないはず。

おわりに

企業研修の業界では、ロジカルシンキングが大流行です。会社の情報価値を高める研修ですから、それだけ企業ではロジカルシンキングに注目しているわけです。

ところが、研修を受けてロジカルシンキングを得意とするはずの企業では、業績が軒並みおかしくなっています。

これは一体どうしたことでしょう?

市場の研究をしつくして、失敗を想定して施策を練り上げて幾人もの目を通して決裁しているはずなのに……。

ロジカルシンキングは、さまざまな情報を元に分析し最適解を見つけるのに優れた考え方です。

実際に、短納期、省力化、低コストといった最適解に使われることが多いです。

そして、業界全体が短納期、省力化、低コストを最適化すると同じような施策になりがちです。どの企業も似た施策を突き詰めていくと、いつか過当競争に陥ります。

すると、競争に勝つためには、現場にしわ寄せがきます。長時間労働を手はじめとして、ついにはデータの改ざんや偽装にまで手を出すようになる。

この競争から抜け出すために何をすればいいのか。そう、新たなものやことを創り出す考え方、ラテラルシンキングの出番です。今後はロジカルシンキングだけに凝り固まった会社は、競争が激しくなり、ますます経営が難しくなるでしょう。


わたしの会社は、全国でラテラルシンキング研修を提供しています。ラテラルシンキングの歴史は長いものの、知名度はまだまだ低い。そのため自治体や、企業の研修では助成金申請の都合上「創造発想能力開発研修」というお堅い名称になってしまいます。

2010年時点では、ラテラルシンキング研修は創客営業研究所の1社しか提供していませんでした。ところが、現在は何社ものライバル研修会社が次々とラテラルシンキング研修に参入してきています。

世間の流れとして、ロジカルシンキングだけでは立ち行かないという証明がなされた証拠でもあり、わたしとしてはラテラルシンキングという名称が広く知られることに喜んでおります。競合が現れても平気なのかって？ 大丈夫です。ラテラルシンキングは、競争することはありません。競争を回避する知恵はラテラルシンキングが得意とするところ。他社が真似できないことをすればいいのです。

その1つとして、わたしの創客営業研究所主催の研修は録音録画を制限しません。録音録画はお断りが常識の研修業界では、思い切った方策だと言われることもあります。でも、受講者の身になってください。演習課題に集中していれば、聞き逃しはつきもの。研修後に受講者が本来どうなっているかを考えるのなら、後からじっくり録音録画を見直して、復習してもらうことは当たり前ではありませんか。受講者には研修に安心して集中してもらうためには録音録画OKは当然だと思いませんか。

本書の中で取り上げた練習方法は、実際の研修で使って効果を上げてきたものを厳選して紹介しています。こんなに研修の手の内を公開してしまうのも、日本に漂うロジカルシンキング一辺倒のギスギス感を打ち破りたいという考えがあるからです。

前提や常識と思っていることをラテラルシンキングでひっくり返すだけでもずいぶんと違う視界がひらけるものです。

ぜひ、明日から、いや、いまからでも試してみてください。きっと今までとは違う解決策が思い付きます。もし、本書に質問などございましたら、創客営業研究所までお問い合わせください。私も勉強になりますので、お気軽にどうぞ。

最後に、書籍化を応援していただいた、仕事を楽しむためのＷｅｂマガジンＢ-Ｐｌｕｓ（ビープラス）の編集部の皆様、本書の執筆に当たりご尽力いただいたＫＫベストセラーズの古川良一さんに感謝いたします。

イラストレーション　岡田 丈
ブックデザイン　鈴木成一デザイン室
協力　B-Plus（ビープラス）

著者略歴

木村尚義 きむら・なおよし

株式会社創客営業研究所代表取締役。アカデミーヒルズ六本木ライブラリー、メンバーズコミュニティ個人事業研究会会長。ソフトウェア開発会社を経た後、ＯＡシステム販売会社にてたった一人で不採算店舗の再建を任されるが、創造的思考であるラテラル思考を駆使し売り上げを5倍にする。その後、外資系ＩＴ教育会社にて、数多くの研修を展開、受講者は3万人を超える。従来の発想の枠を越え全国にて逆転の発想セミナーを実施し、訪問企業は１０００社以上となる。商社、通信、銀行、保険等の企業や自治体、官公庁にて、既成概念にとらわれないアイデアを発想する創造的思考法が好評を得ている。

NO《ノー》ロジック思考《しこう》

論理的《ろんりてき》な考《かんが》え方《かた》では、もはやこの時代《じだい》に通用《つうよう》しない！

二〇一九年二月一〇日　初版第一刷発行

著者　木村尚義《きむらなおよし》

発行者　塚原浩和

発行所　ＫＫベストセラーズ

〒一七一‐〇〇二一　東京都豊島区西池袋五丁目二六番一九号　陸王西池袋ビル　四階

電話　〇三‐五九二六‐五三二二（営業）

〇三‐五九二六‐六二六二（編集）

http://www.kk-bestsellers.com/

印刷所　近代美術

製本所　積信堂

ＤＴＰ　三協美術

定価はカバーに表示してあります。乱丁、落丁本がございましたら、お取り替えいたします。

ISBN 978-4-584-13893-9 C0034